家庭学習でつける力

低学年でもっとも大切なのは、基礎基本の学力と学習習慣の確立です。

JN090406

陰山 英男

①「三つの気」を育てよう

家庭の第一の役割は、「子どもを**元気**にする」ことです。

元気な子どもは、活発です。好奇心に満ちあふれています。**やる気**があるのです。

元気な子どもは、少しの失敗を気にしません。**根気**があるからやり直しができるのです。

お母さん、お父さんに「うちの子、勉強のほうはいま一つだなあ」とご相談を受けたとして、元気、やる気、根気の「三つの気」があるお子さんなら、基本的に心配いりません、と私は申しあげるでしょう。

しかしこの「三つの気」は、放っておいて子どもたちが勝手に手に入れられるものではありません。

●早寝・早起き・朝ご飯

まず、元気が出る生活習慣にしましょう。

ずばり早寝・早起き・朝ご飯です。

私は、これまで教師として子どもたちと早寝・早起き・朝ご飯の生活づくりに取り組んできました。私はいくつもの学校に勤めてきましたが、学校にこられる方はみなさん「子どもたちは、みんな元気ですね」と口を揃えて言ってくださいます。

低学年なら、夜は9時半までに就寝し、朝は6時半には起き、朝ご飯を必ず食べる。一昔前の子どもたちが、当たり前のようにしていた生活をすることで、子どもたちは本当に活発になります。活動的になるということは集中力が高まることでもあります。血の巡りがよくなるわけですから、学習面でもそれだけ効率があがります。

●一人にさせないで

学習やスポーツなど、やる気・根気を育む場面はいくつもあります。共通するのは、親なり指導者なりが子どもを励まし続けることと、子どもが一人でするのではなく一緒にする誰かがいることです。

家庭では親が、学校では教師と友だちが周りにいて、互いに気にかけ励まし合いながら取り組むことでやる気と根気が育っていきます。生を受けて10年にならない子どもたちです。弱い存在なのです。一人では育ちません。私が低学年の子どもの家庭学習をリビングですることをおすすめする理由もそこにあります。

②家庭学習で育てるやる気と根気

●親は子どもの勉強仲間に

私の師匠である故岸本裕史先生は、「夕飯

のしたくのとき、音読を聞いてやってね、“え～○○ちゃん、そんな難しい漢字を習ったの。すごいね、お父さんが帰ってきたら、あなたがどんなに賢くなったか教えてあげよう”こんなふうに子どもに声をかけてやってください」とお母さんたちにいつも話していました。

忙しい毎日でしょう。でも工夫しだいで親は子どもの勉強仲間になれます。不在がちのお父さんもお子さんの勉強仲間になってください。

●やさしいことを短時間、継続して

あるときから私は、100マス計算を何日間かずつ同じ問題でするようになりました。毎日させたいが、違う問題を作成する時間がない日が続いた、そんな理由からでした。このとき私は、スピードは上がるが計算力はつかないだろう、でも毎日することに意味があると考えていました。ところがある日、計算テストをして驚きました。子どもたちの計算力が上がっていたのです。

同じ問題であっても毎日タイムが上がってほめられ、子どもは意欲と自信をつけていた、それが計算力アップにつながったのでした。

●家庭学習で大切なこと

この『勉強したくなるプリント』は、小学１年生・２年生・３年生という時期に、基礎基本の学力と学習習慣を身につけるためのプリントです。

基礎基本の内容は、漢字や計算力のように、学年が上がってどんなに難しい学習になっても必要とされる力です。

そして、基本問題のくり返し学習は、子どもの中に自信を育み、学習へのやる気と根気を育てることができます。

このプリント集の問題は、

- やさしい問題を
- 毎日する
- 最後までする

の工夫をしました。わからないときは答えを見たり、写したりしてもよいのです。最後までやりきることを大切にして、学力と家庭学習の習慣をつけられるようにしています。

一度にたくさん、長時間する必要はありません。朝起きて顔を洗うように家庭での勉強の習慣をつけることを大事にしましょう。低学年はまずそこから始めましょう。

１年生で獲得したい基礎学力をあげておきます。

㋐ひらがな、かたかなの清音すべてが読めて書ける。

㋑助詞（てにをは）を適切に使い分けて文章が書ける。

㋒100マス計算（たし算・ひき算）が最後までできる。

㋓配当漢字がすべて読め、８割の漢字を書くことができる。

陰山英男（かげやま　ひでお）　陰山ラボ代表。一般財団法人基礎力財団理事長。教育クリエイターとして「陰山メソッド」の普及につとめ、教育アドバイザーとして子どもたちの学力向上で成果をあげている。文部科学省中央教育審議会初等中等教育分科会教育課程部会委員、内閣官房教育再生会議委員、大阪府教育委員会委員長などを歴任。2006年４月から2016年まで立命館大学教授。

心と体の入学準備チェック

入学準備…、いろいろあります。ランドセルや机、自分の名前くらいは読み書きできるようにさせたい。でも、一番大切なのは、毎日元気に登校できることです。右表は毎日楽しく登校できる条件を5つあげました。子どもは、意外なところでつまずくのです。

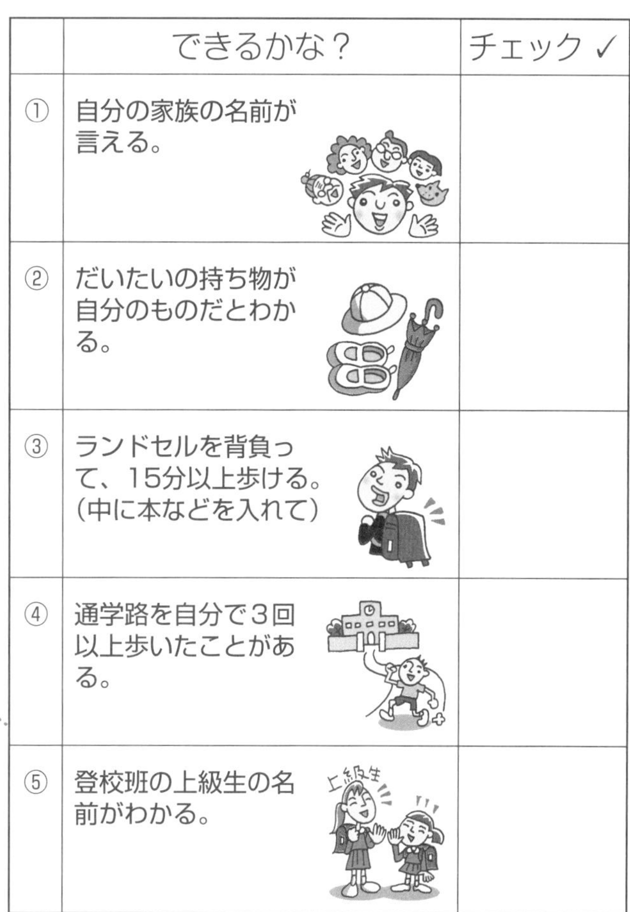

	できるかな？	チェック ✓
①	自分の家族の名前が言える。	
②	だいたいの持ち物が自分のものだとわかる。	
③	ランドセルを背負って、15分以上歩ける。（中に本などを入れて）	
④	通学路を自分で3回以上歩いたことがある。	
⑤	登校班の上級生の名前がわかる。	

★正しく鉛筆を持てば、集中力・持続力に違いが出ます。

●手のひらを机につける。

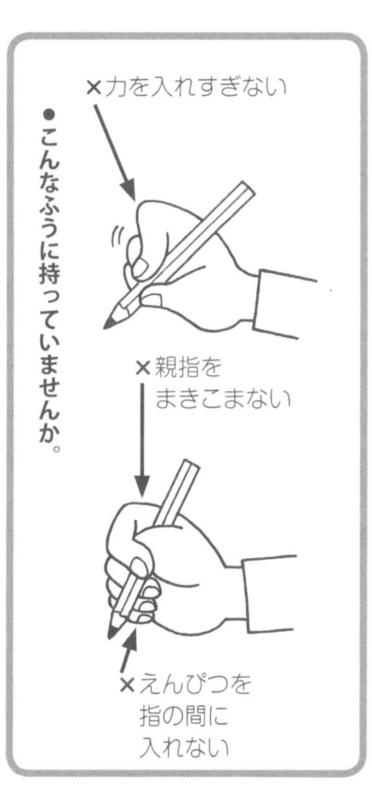

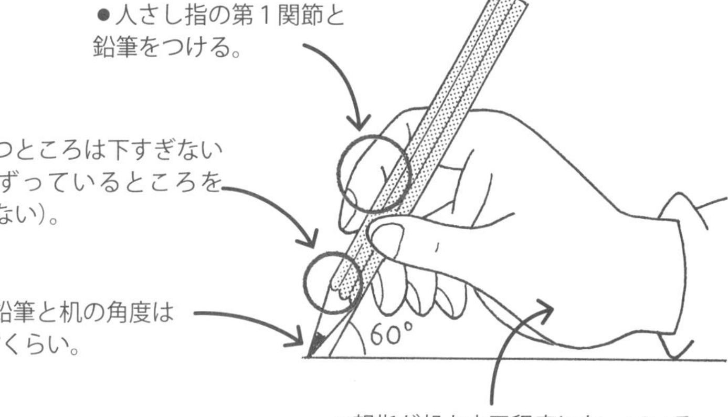

勉強したくなる　さんすう・こくご

小学❶年生 前期

さんすう

「ナゾトキ☆クエスト」 もくじ

さんすう

「ナゾトキ☆クエスト」も
はじまるよ！ (89)ページからだよ。

リオくん

みつばちのビー

プリント　●もくじ

こくご

1年生　前期（ぜんき）

おまけ　もくじ

「ナゾトキ☆クエスト」　もくじ

「ナゾトキ☆クエスト」も
はじまるよ！　⑲ページからだよ。

１年生　前期の勉強

ここがポイントです

さんすう

１年生にとって、初めての学習です。親御さんからみると、「こんな勉強しかやらないの？」と思う内容でしょう。でも、それが基礎なのです。

◎「５までのかず」「10までのかず」

この学習では、が１本で「１」、読み方は「いち」などを習います。バナナでも１、リンゴでも１、カエルでも１です。これを「一対一対応」といいます。

算数のときは、大きなリンゴでも、青いリンゴでも、大きさや色は関係なく１個なら「１」なのです。これがよく理解できていないと、文章題の学習のときに困ります。「こどもが　３にん　いました」。「どんな服装だろう」「けんかが強い子かなあ」なんて考えていたら、算数の問題は解けませんね。

◎「10をつくろう」

10をつくる学習は「くりあがるたしざん」「くりさがるひきざん」の基礎になります。また、それらと合わせて、すべての学年の計算の基礎になります。正確に速くできるよう何度も練習することが大切です。

いろいろな物を数える体験を多くさせ、数と数字に慣れさせてください。

こくご

◎ひらがな

１年生は、字を書きたがります。しかし、鉛筆の持ち方が正しくできる子が少ないのが現状です。また、筆圧が強すぎる子・弱すぎる子がいます。

本書は、ひらがなを１画から順に配置すると同時に各ページに運筆練習を入れています。１年生の初めの勉強は「ゆっくり、ていねいに」やることを身につけることです。

形の取りにくい字もあります。薄い色の文字をていねいになぞらせ、学習することに慣れさせましょう。

鉛筆の持ち方については、３ページに図で示しています。参考にしてください。

◎発音「くっつきの　は・へ・を」

くっつきの「は・へ・を」は、「ボク**ウ**」と発音し「ぼく**は**」と書くように、発音と表記が違います。１年生には難しい学習です。

また、「おうさま」と書いて「オーサマ」と読む、「トーイ」は「とお（遠）い」と書くように、同じ発音なのに表記が違うものもあります。これも１年生には難しく感じるでしょう。

5までの かず 1

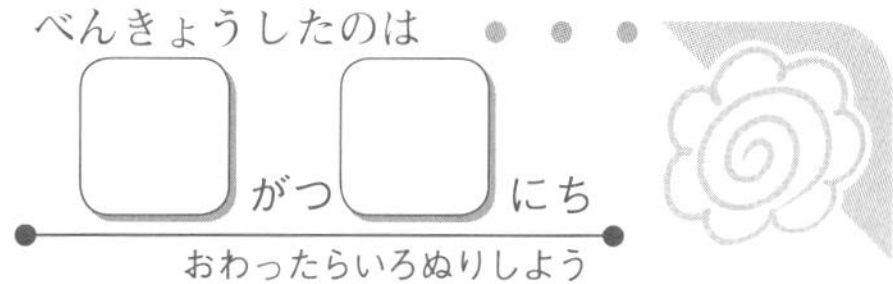

えの　かずだけ　しかくに　いろを　ぬりましょう。

①

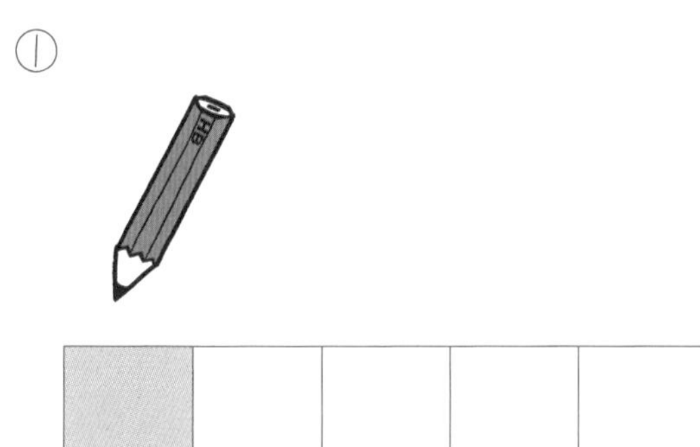

②

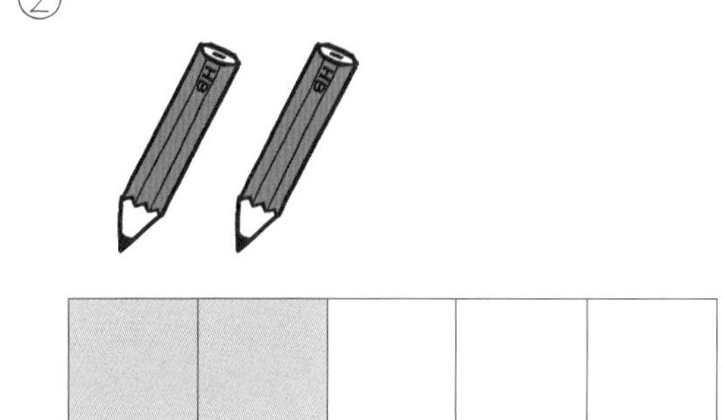

③

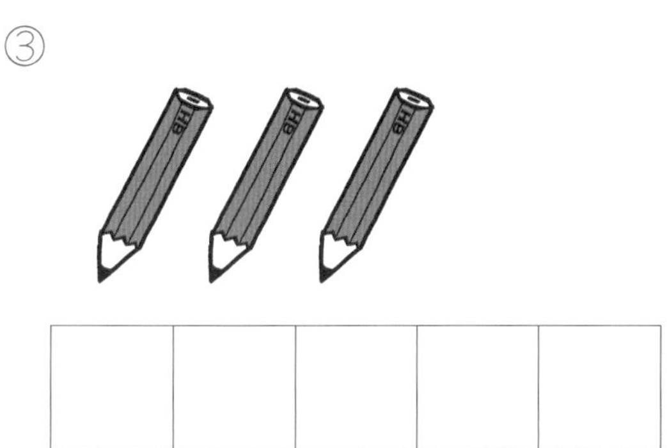

④

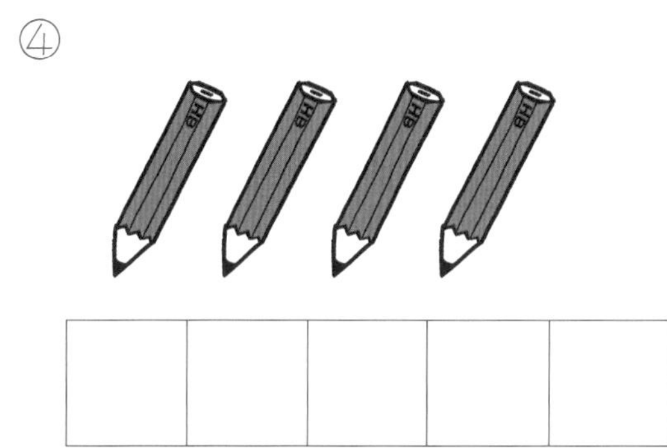

⑤

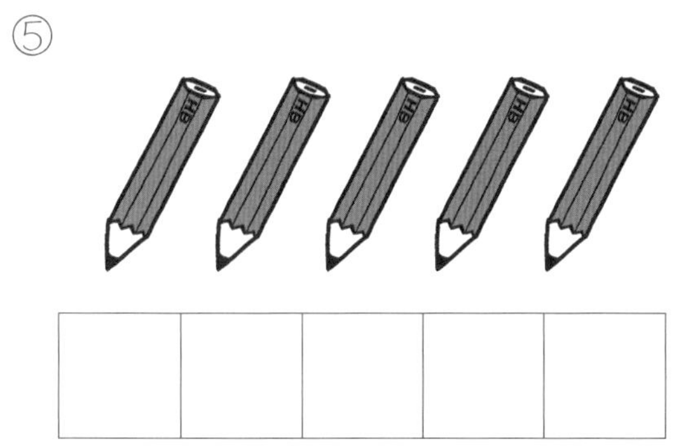

● おうちの方へ ●

えんぴつが１本だから、四角を１つぬる。えんぴつが２本だから、四角を２つぬる。「えんぴつが１（本）だから、四角を１ぬる」というふうに数を確かめながら、ていねいにぬらせましょう。

運筆練習（ぬりまるくん）

2回目　　　　1回目

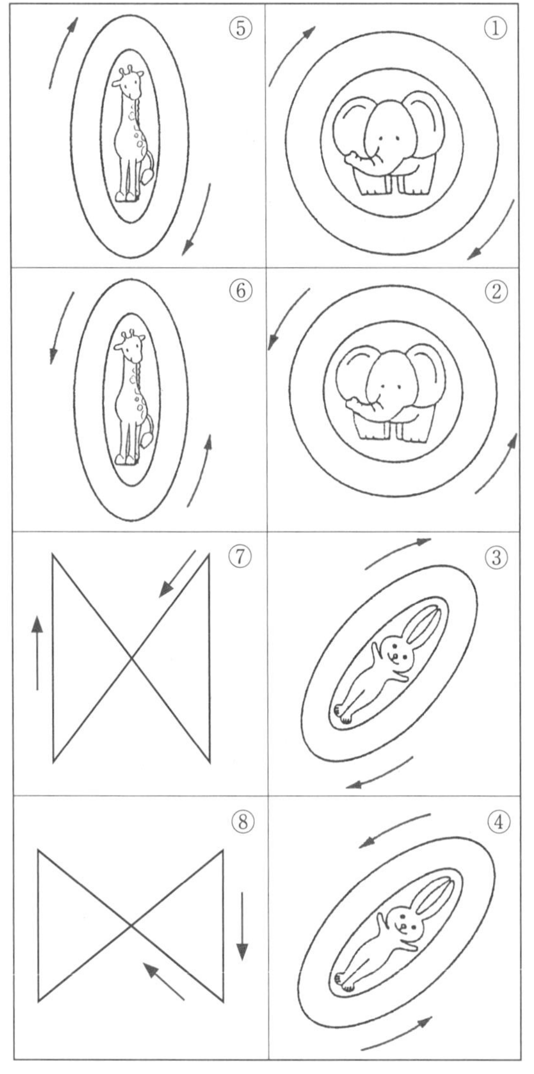

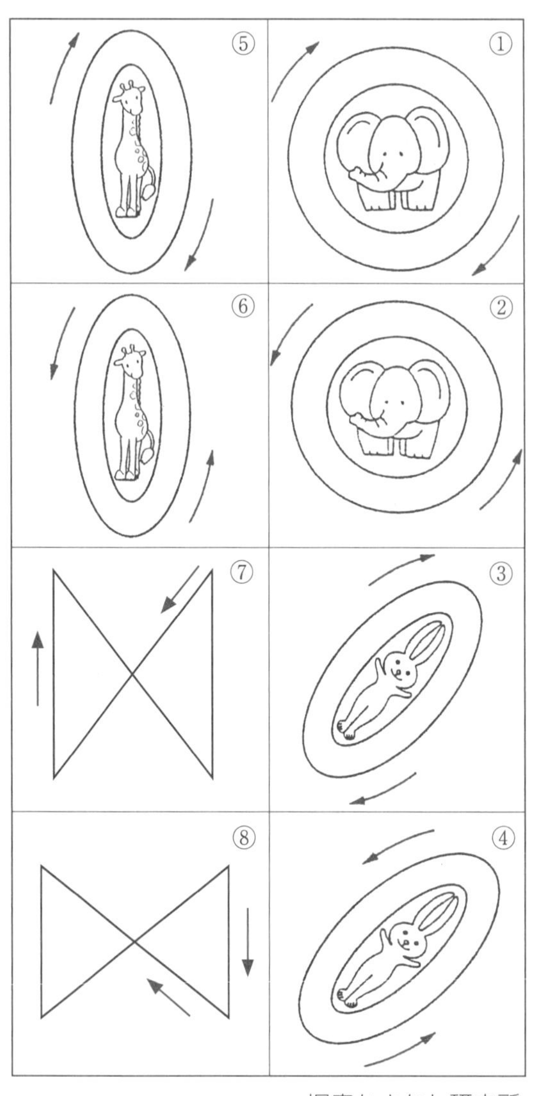

児童かきかた研究所

運筆練習のし方

1．①～⑥の「ぬりまるくん」は色鉛筆（軸が木製のもの）を使います。
2．外側の円を、矢印の方向に止めないようにゆっくりなぞります。
3．内側の円を、矢印の方向に止めないようにゆっくりなぞります。
4．円と円の間を、矢印の方向にくるくると回転させながら、何回も回してぬりこんでいきます。
5．番号順に練習します。
6．⑦⑧は直線の練習です。**2Bの鉛筆**を使い、矢印の方向にはみ出さないようにていねいになぞります。

▶次のページからのひらがな練習は、はじめは半分、慣れてきたら1ページずつしていきましょう。**2Bの鉛筆**を使います。

▶次のページからのひらがなで、数字は書き順を表しています。
「•」は止めるしるし、「↙」「↗」ははらうしるし、「↗」「↘」は止めてはねるしるしを表します。
「◦」は文字の書きはじめ、「始点」です。

5までの かず 2

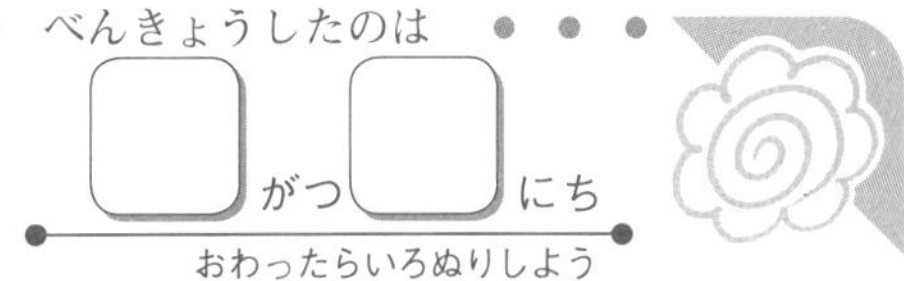

えの　かずだけ　しかくに　いろを　ぬりましょう。

①

②

③

④

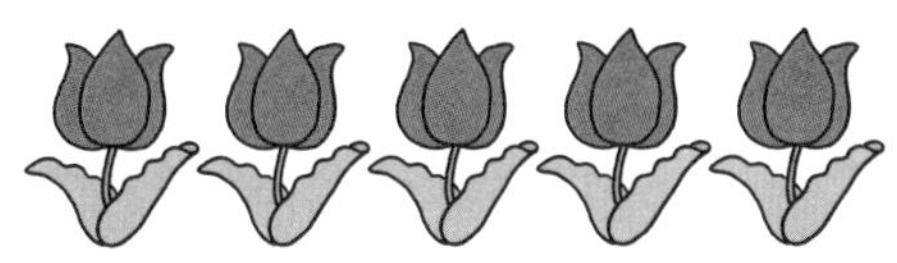

⑤

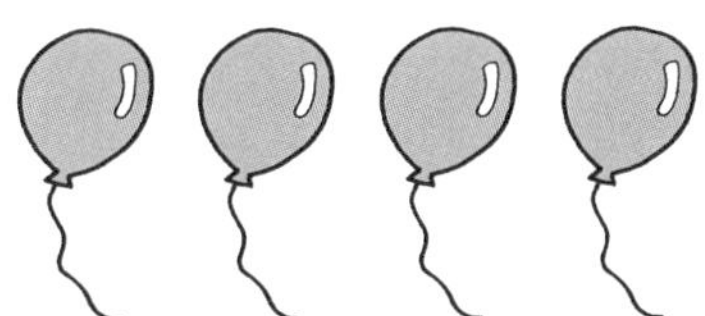

● おうちの方へ  ●

ここは、１から順でなく、数をバラバラに並べています。「1、2、3。3つだから、3つぬる」と物（絵）の数と四角の数を対応させてから、ぬらせましょう。四角からはみ出ないように。

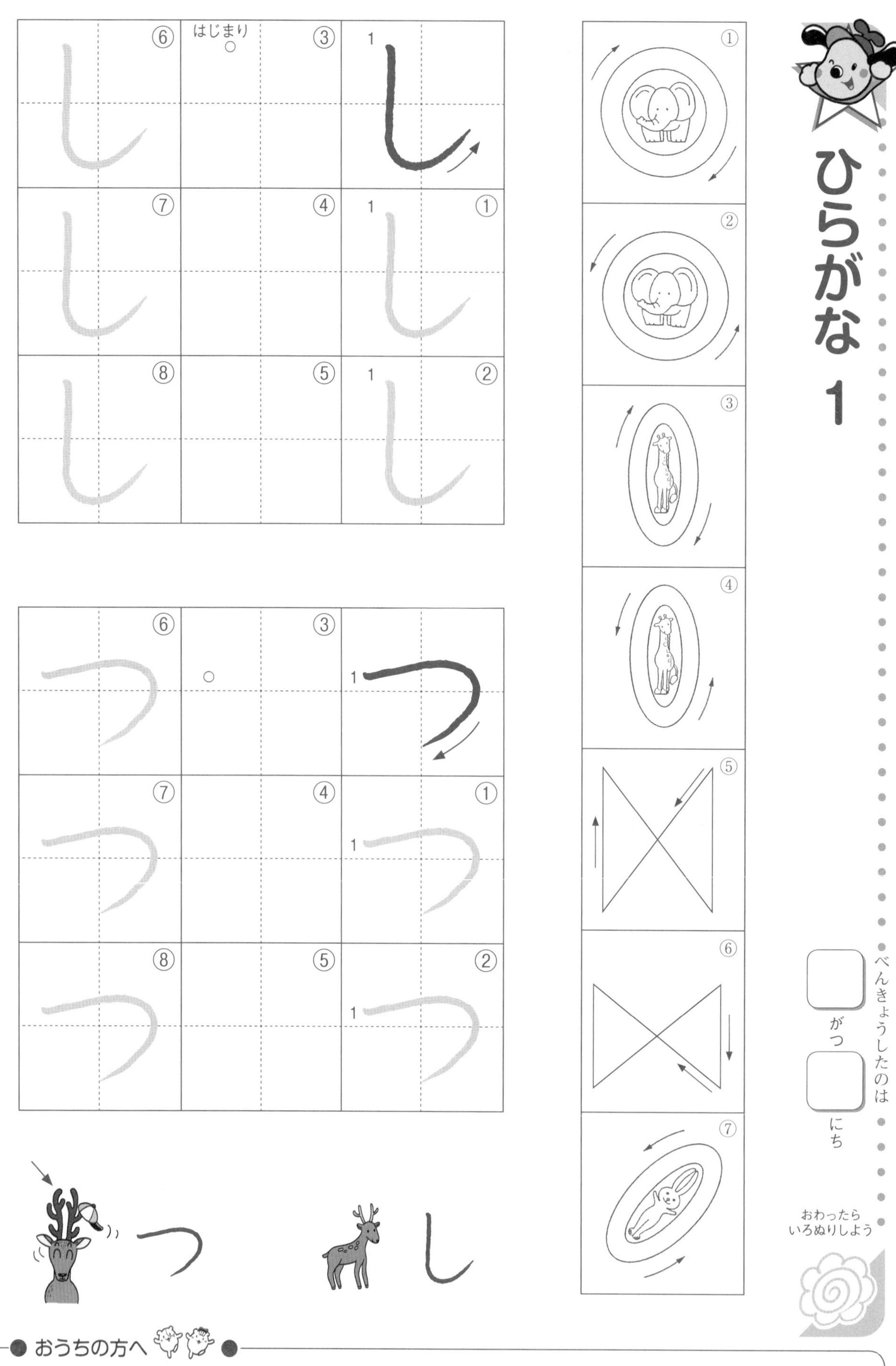

● おうちの方へ ●

このページのやり方は、運筆練習（ぬりまるくん）をしたあと、①②をはみ出さないようになぞります。次に、③～⑤は左の⑥～⑧を見てそっくりに書き、最後に⑥～⑧をなぞります。「ひらがな23」まで同じように進めていきましょう。

【9ページのこたえ】 ① ② ③ ④ ⑤

5までの かず 3

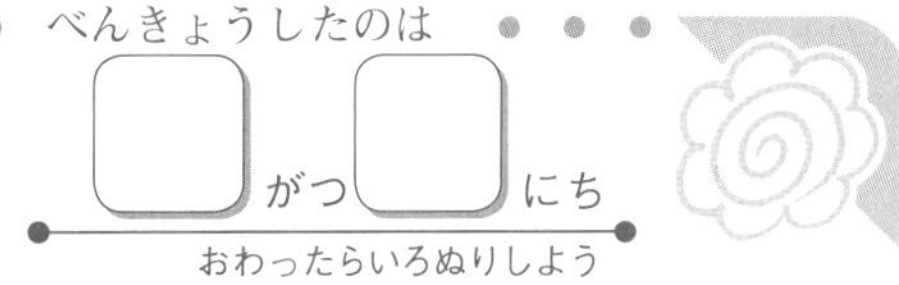

いくつでしょう。すうじを　なぞって　れんしゅう　しましょう。

①

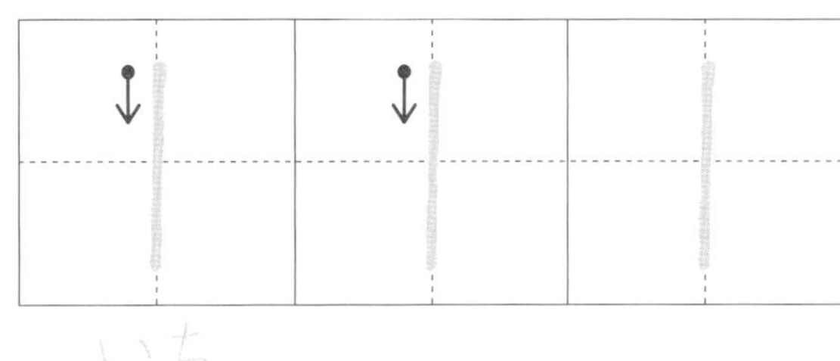

いち

②

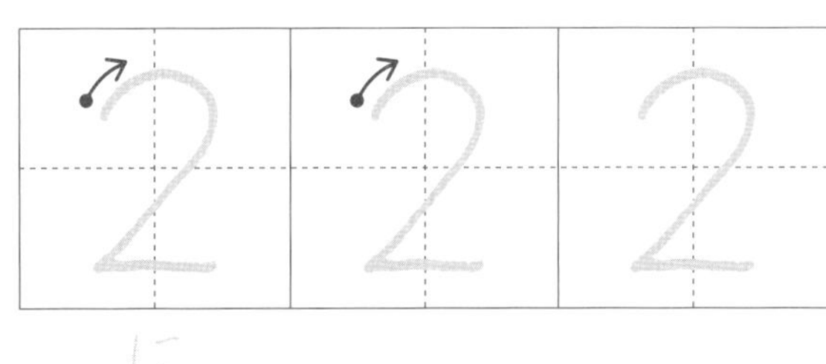

に

③

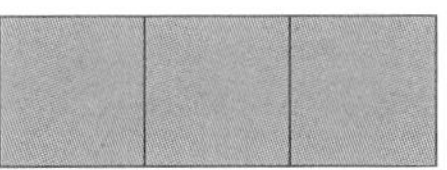

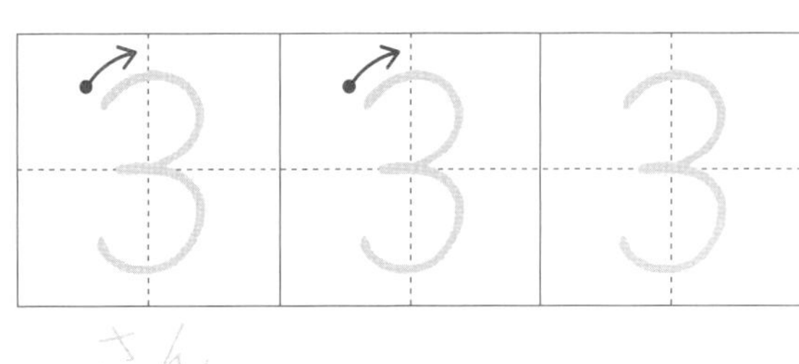

さん

④

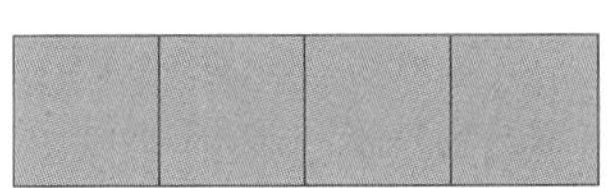

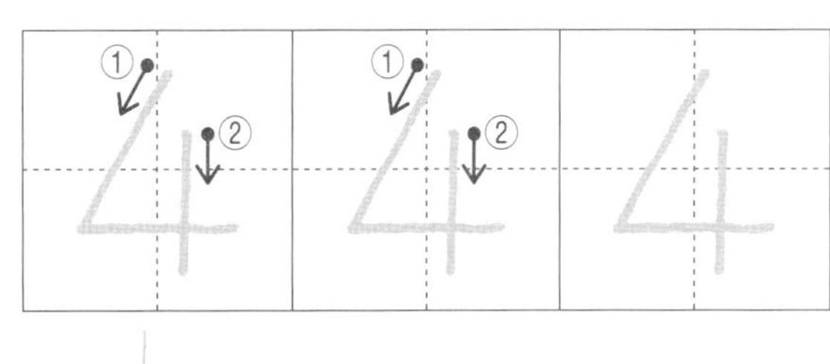

し

⑤

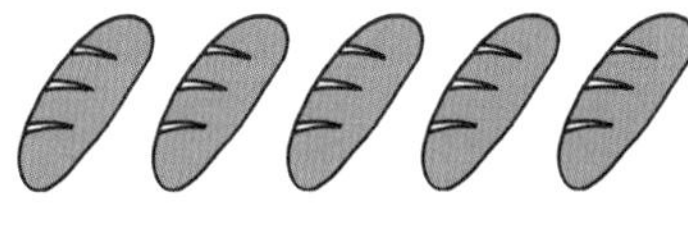

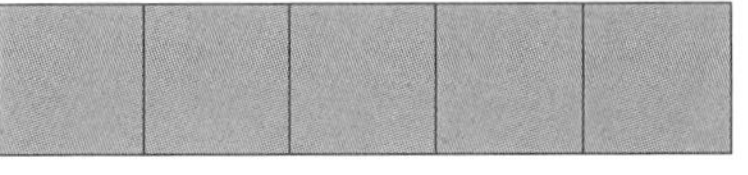

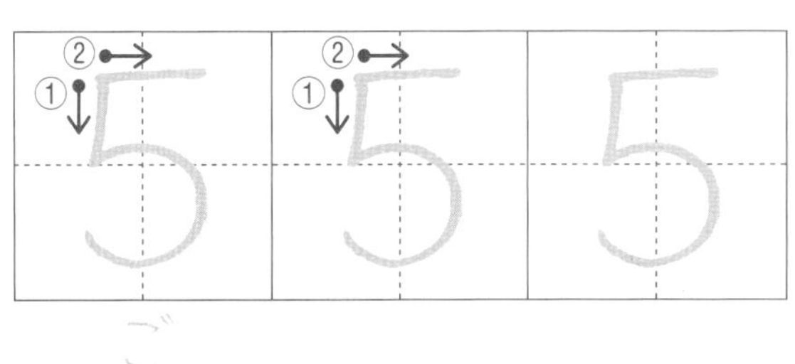

ご

おうちの方へ

リンゴでも、イチゴでも、アリでも、同じ種類のものを「1、2、3…」と数えるようにします。リンゴとイチゴ、アメとパンをごちゃまぜにして数えないことが大切です。数字はていねいに書かせましょう。5の筆順は要注意です。

ひらがな 2

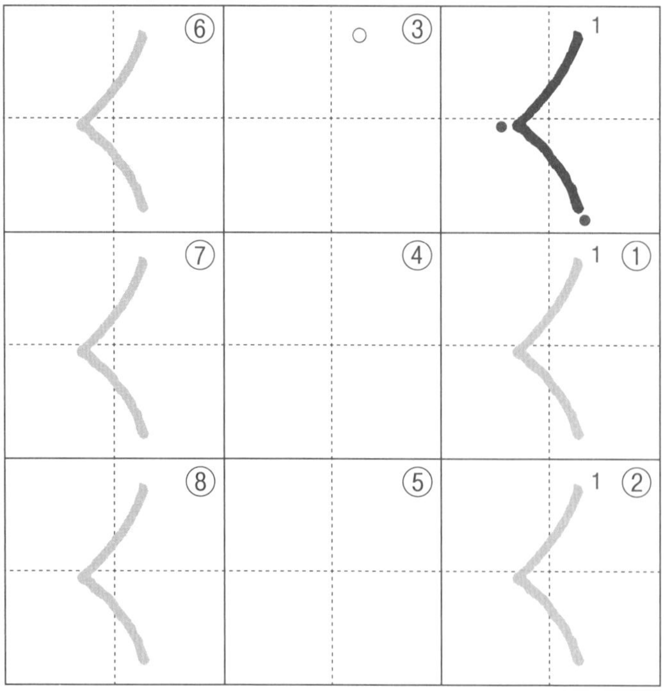

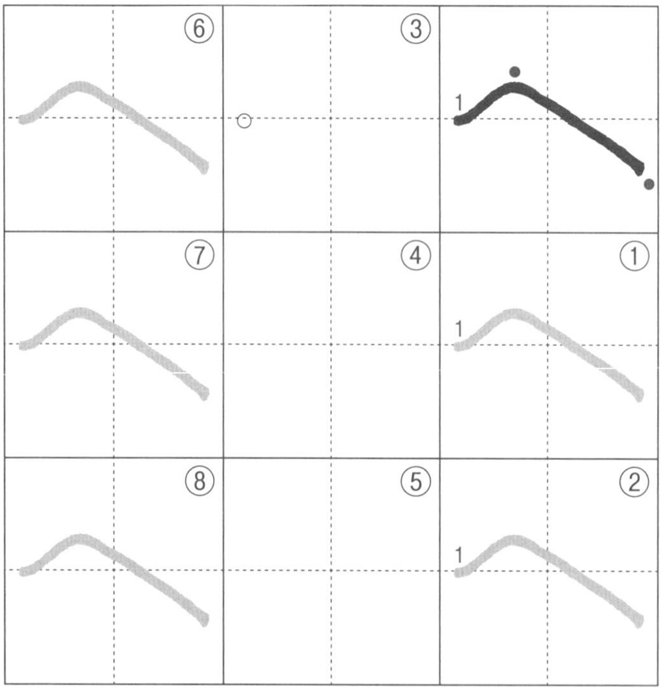

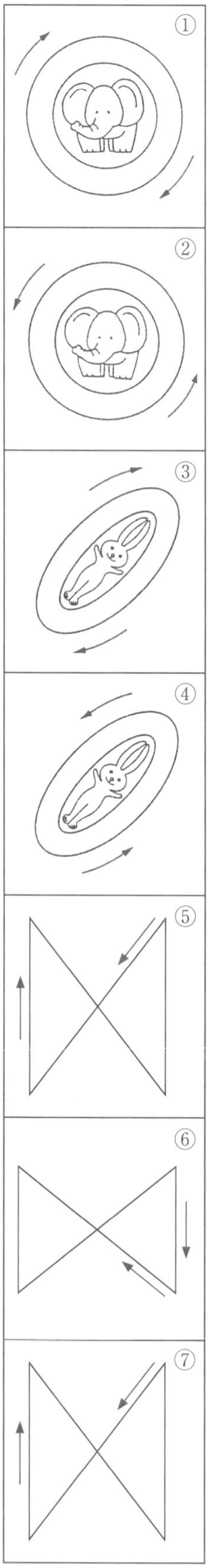

べんきょうしたのは　がつ　にち

おわったら いろぬりしよう

へ　く

● おうちの方へ ●

「く」「へ」の折れ曲がる位置に注意しましょう。「・」のしるしで折れます。始筆・終筆の位置も意識しましょう。

5までの かず 4

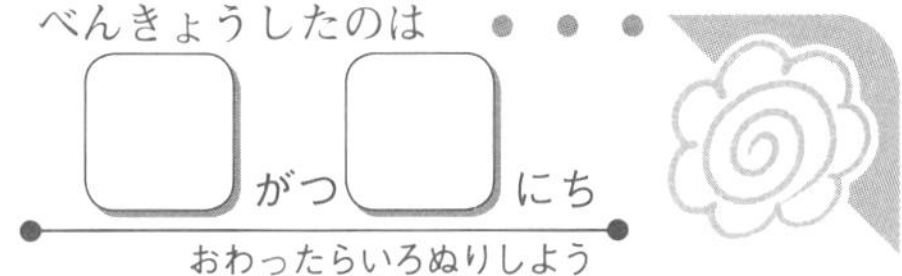

いくつ　あるでしょう。□に　かずを　かきましょう。

①

②

③

④

⑤

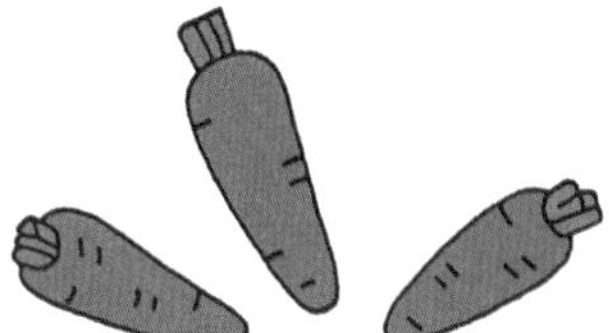

⑥

⑦

おうちの方へ

このページは、ふぞろいのものを出題しています。②大きさがちがってもリンゴとして数えます。④長さがちがってもえんぴつです。⑥はお茶とサイダーですが、容器に入っている飲料です。ちがいを考えずに数える練習です。

ひらがな 3

べんきょうしたのは　がつ　にち

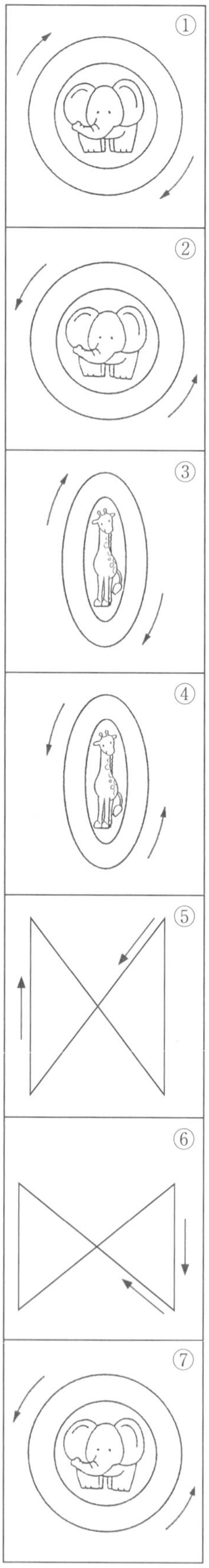

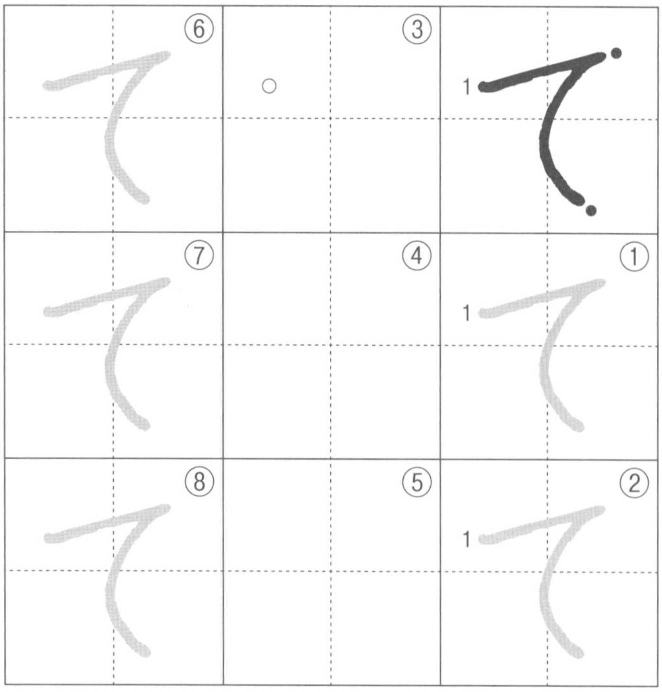

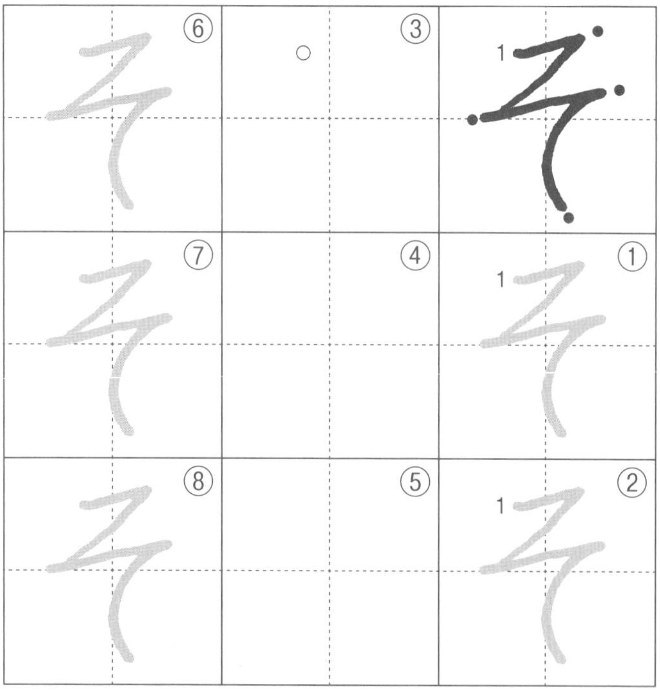

おわったら いろぬりしよう

① ② ③ ④ ⑤ ⑥ ⑦

て

① ② ③ ④ ⑤ ⑥ ⑦ ⑧

そ

① ② ③ ④ ⑤ ⑥ ⑦ ⑧

そ　て

おうちの方へ

「て」は1つめの「・」のしるしから丸く書きます。「そ」も2つめの「・」から「て」を書くつもりで書きましょう。どちらも右上がりになります。

【13ページのこたえ】①1 ②3 ③2 ④5 ⑤3 ⑥4 ⑦5

5までの かず 5

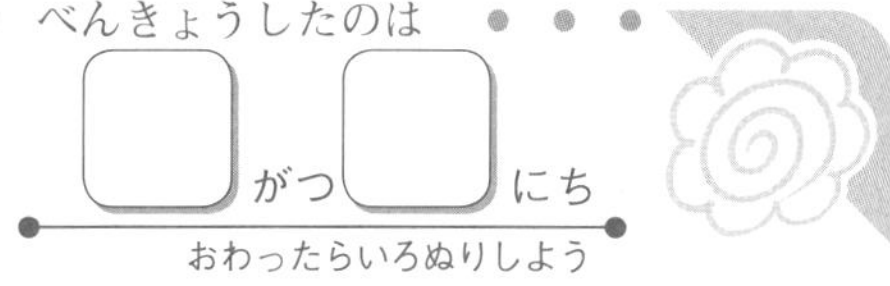

1．ていねいに　れんしゅうしましょう。

いち	1	1				
に	2	2				
さん	3	3				
し(よん)	4	4				
ご	5	5				

2．いくつ　あるでしょう。□に　かずを　かきましょう。

①

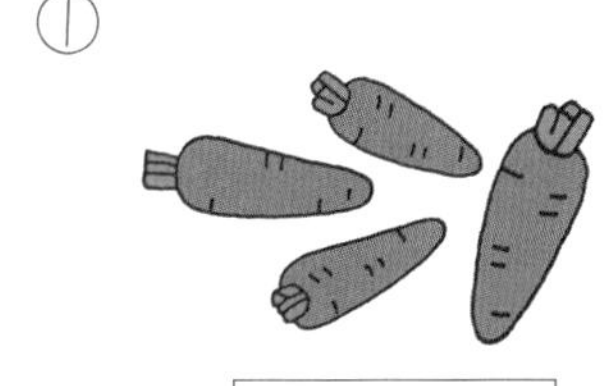

②

③

● おうちの方へ ●

数字を書く練習は、ゆっくりていねいにさせてください。数字を「いち」などと声に出しながら練習するといいでしょう。3や5を下から書く子がいます。5を一筆書きする子や筆順をまちがう子がいます。始めの2文字はなぞります。

ひらがな 4

べんきょうしたのは □がつ □にち

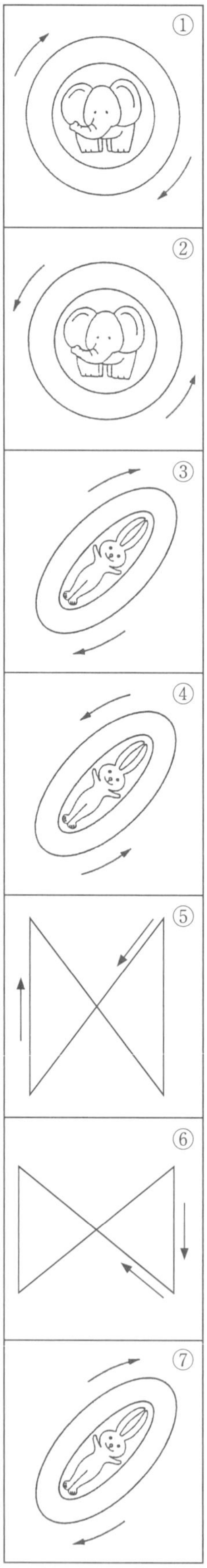

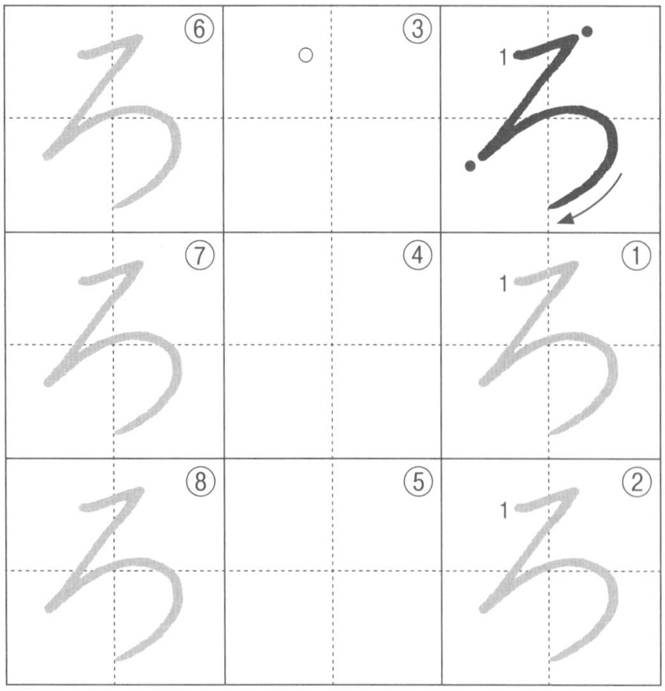

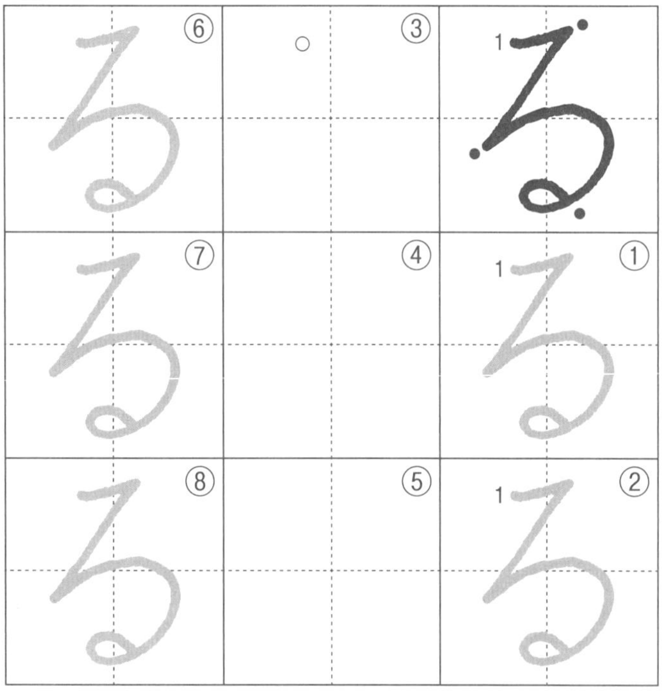

おわったら いろぬりしよう

①　②　③　④　⑤　⑥　⑦

ろ

①　②　③　④　⑤　⑥　⑦　⑧

る

①　②　③　④　⑤　⑥　⑦　⑧

る　ろ

● おうちの方へ ●

「ろ」「る」は、2つめの「•」からは「つ」を書くようにしましょう。文字の上の部分を手でかくしてみましょう。「つ」の形に見えますか。

【15ページのこたえ】1. しょうりゃく　2. ①4　②3　③5

10までの かず 1

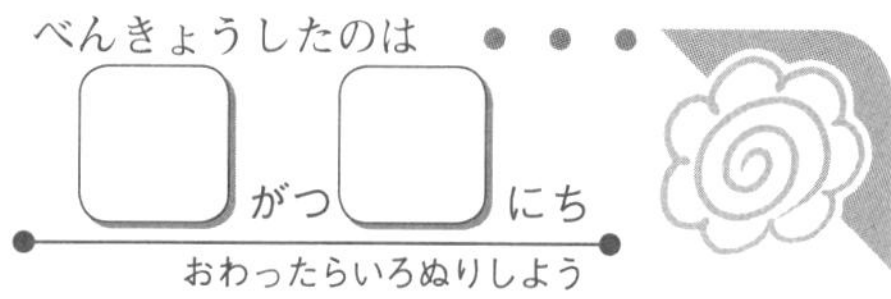

いくつでしょう。□に いろを ぬりましょう。すうじを なぞりましょう。

①
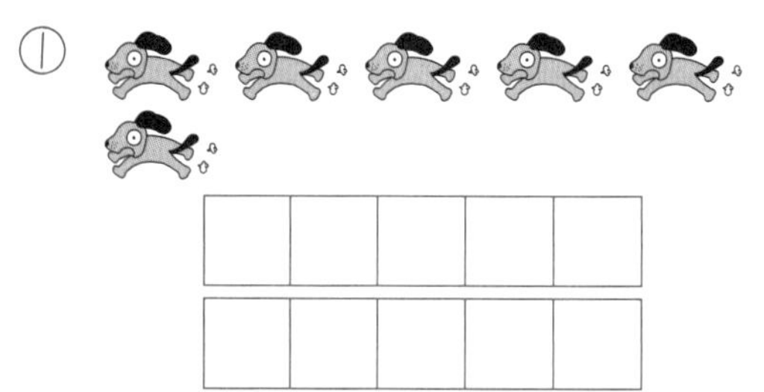
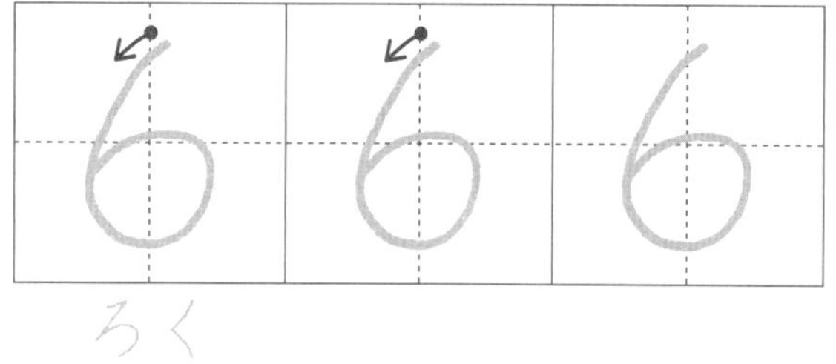

②

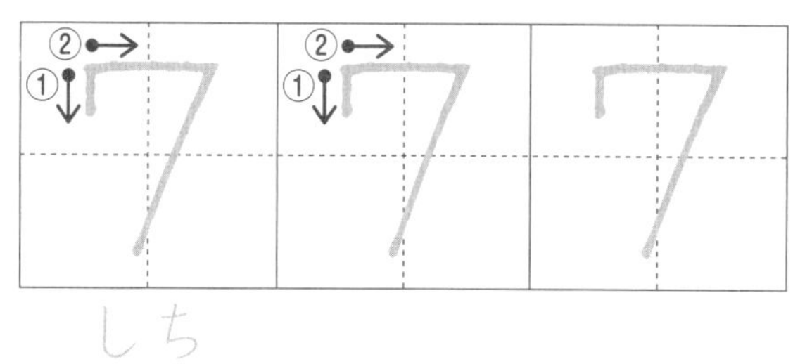

③

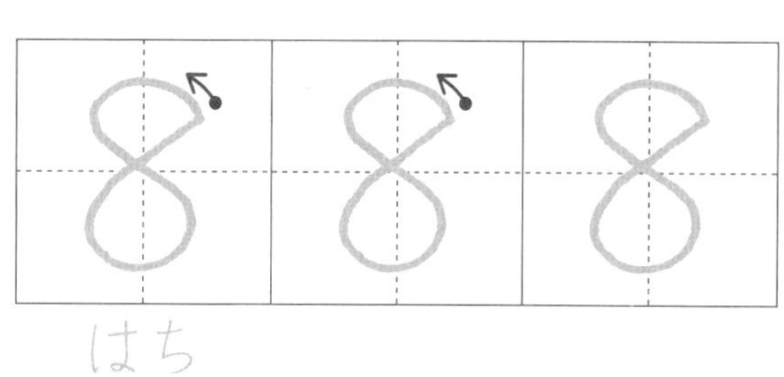

④
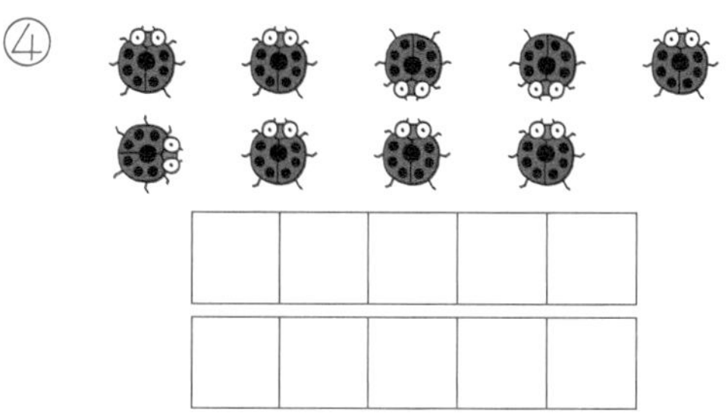
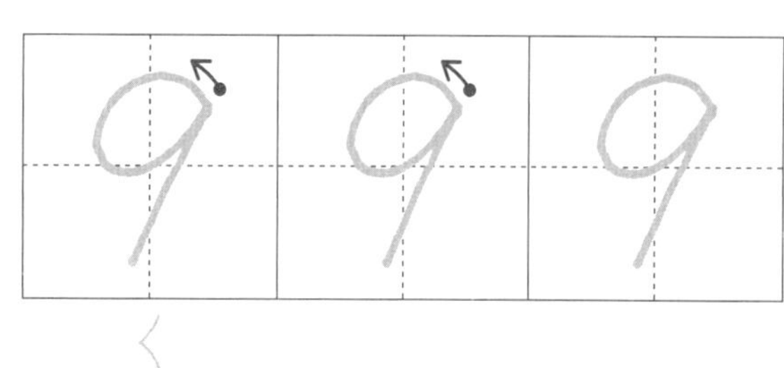

⑤
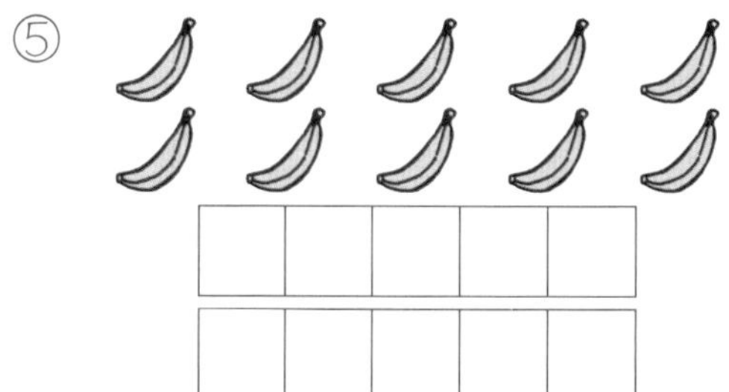
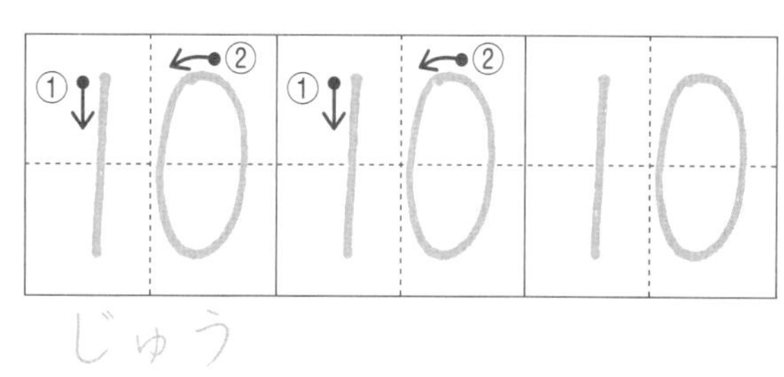

おうちの方へ

6～10を5のかたまりにして表しています。「5・6」「5・6・7」というように数えさせてもいいです。8・9は、書き始めの位置に気をつけさせましょう。

ひらがな 5

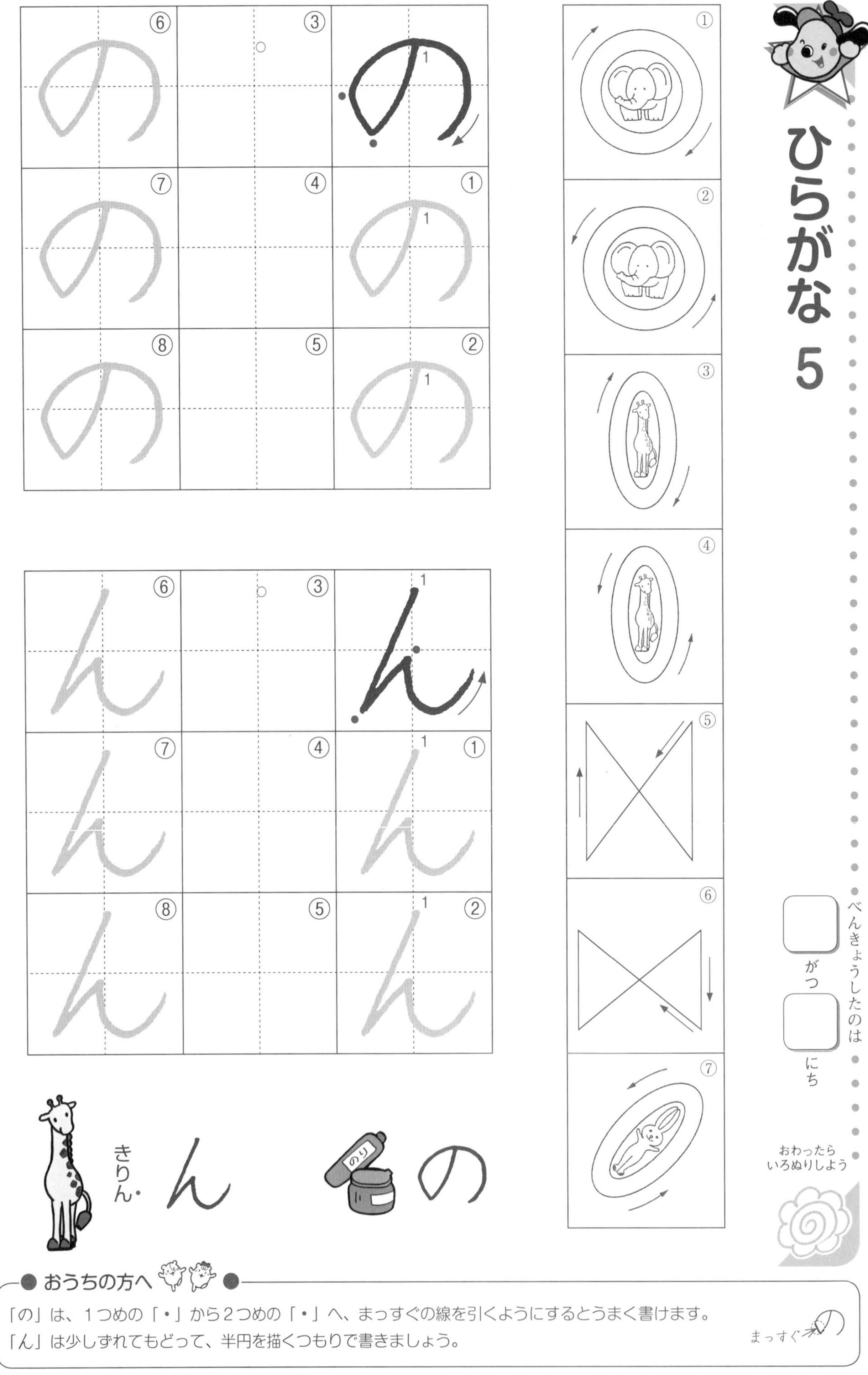

● おうちの方へ ●

「の」は、1つめの「・」から2つめの「・」へ、まっすぐの線を引くようにするとうまく書けます。
「ん」は少しずれてもどって、半円を描くつもりで書きましょう。

【17ページのこたえ】

ナゾトキ☆クエスト　まよいのもり へん

ステージ 1

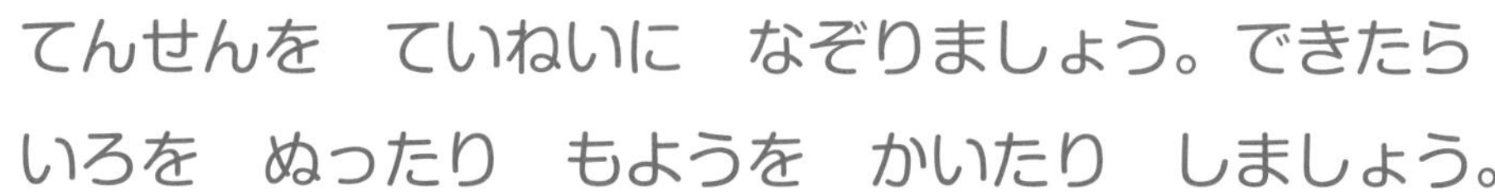

てんせんを　ていねいに　なぞりましょう。できたら
いろを　ぬったり　もようを　かいたり　しましょう。

33ページに　つづく。

●かずが　ちいさい　じゅんに　せんで　むすびましょう。
できた　かたちに　すきな　いろを　ぬりましょう。

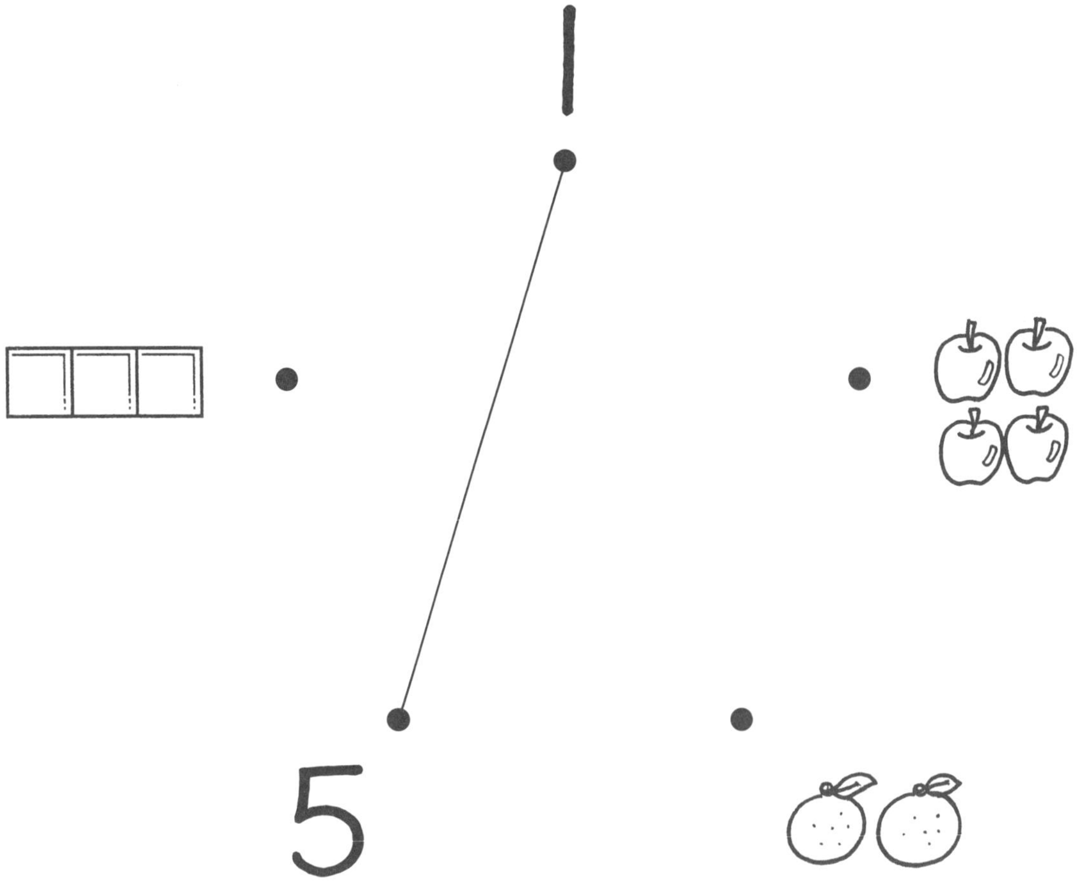

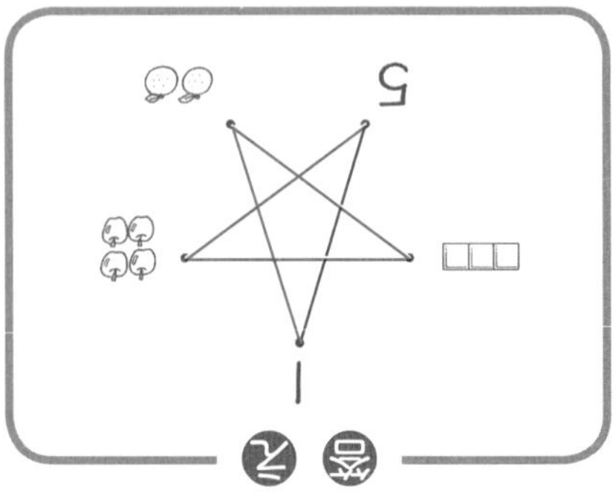

1

5

こたえ

10までの かず 2

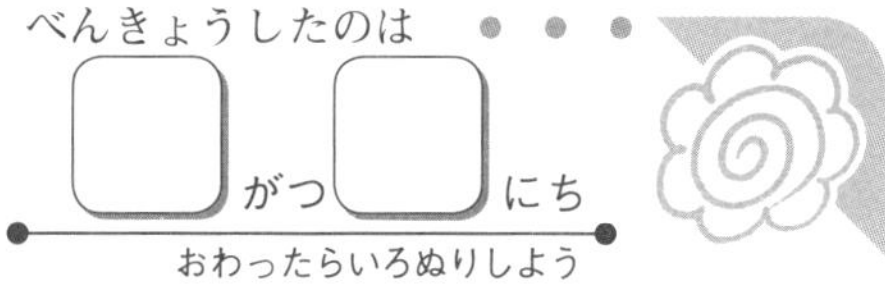

いくつ　あるでしょう。□に　かずを　かきましょう。

①

②

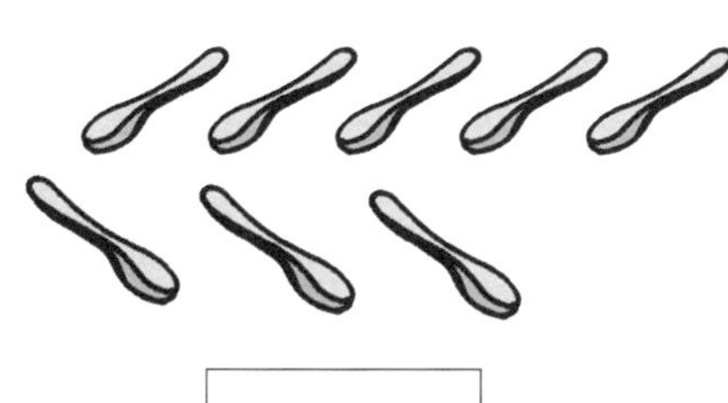

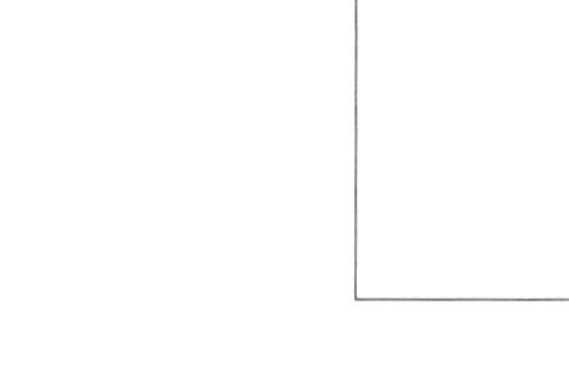

③

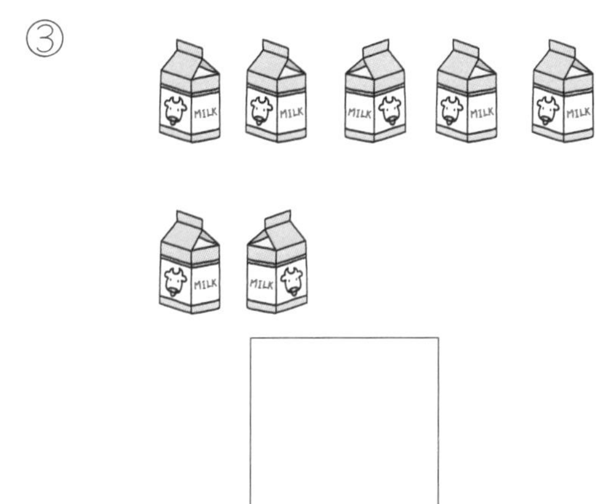

④

⑤

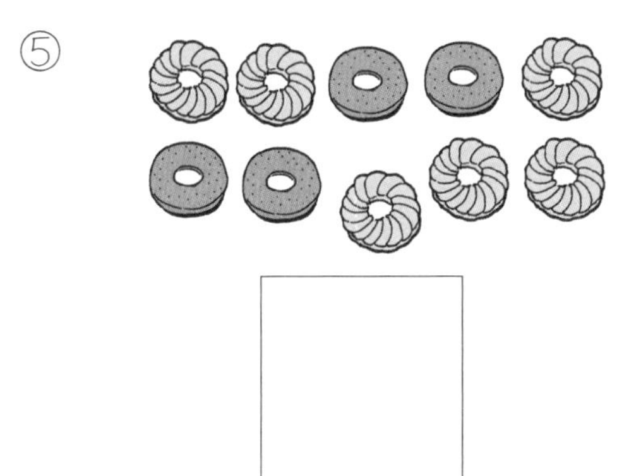

おうちの方へ

17ページでは、同じ絵が並んだものを数えるようにしています。このページでは、向きが変わったり、きちんと並んでいなかったりしているものの数を数えます。数字はていねいに書くようにさせましょう。

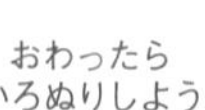

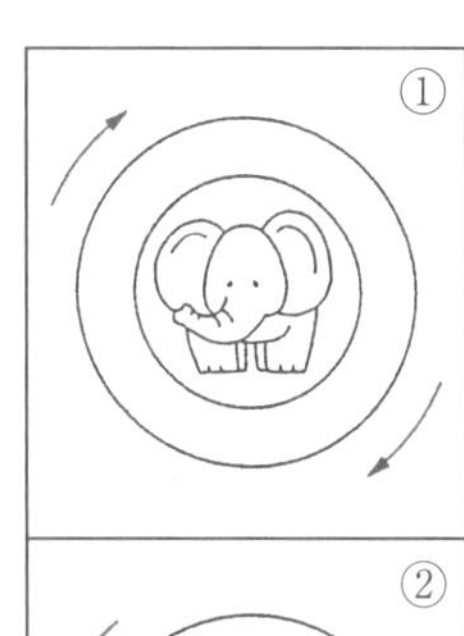

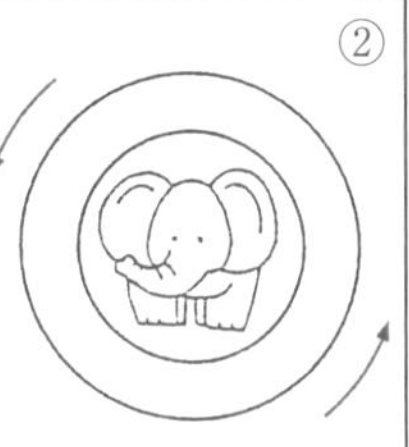

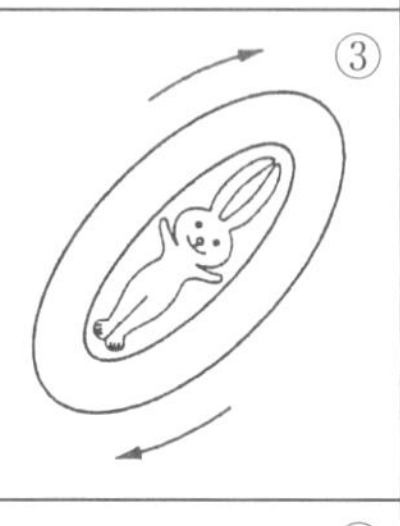

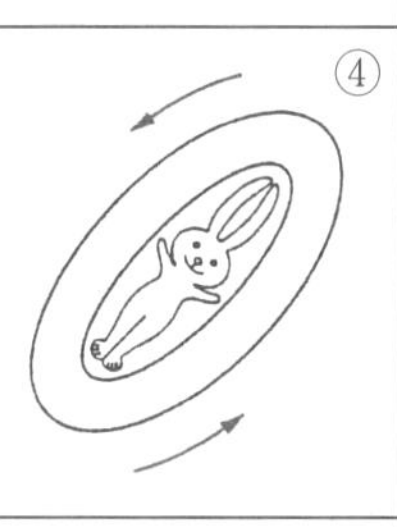

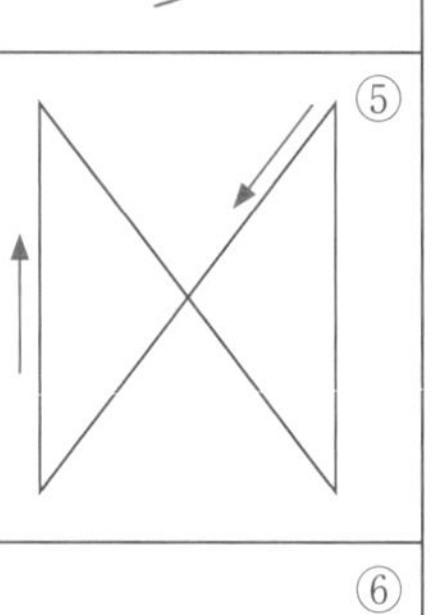

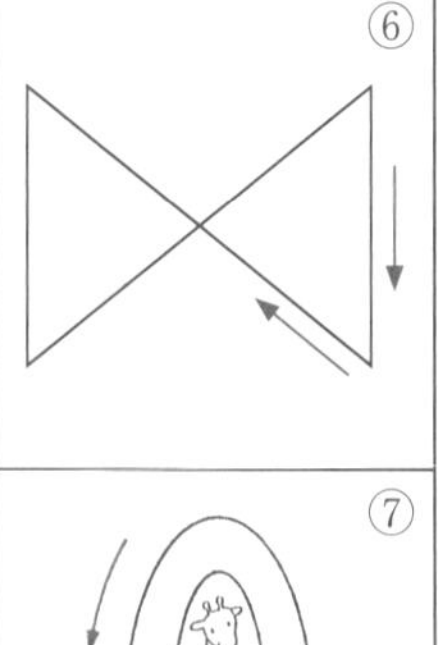

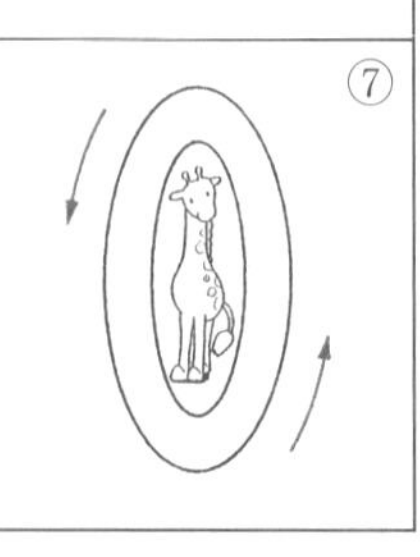

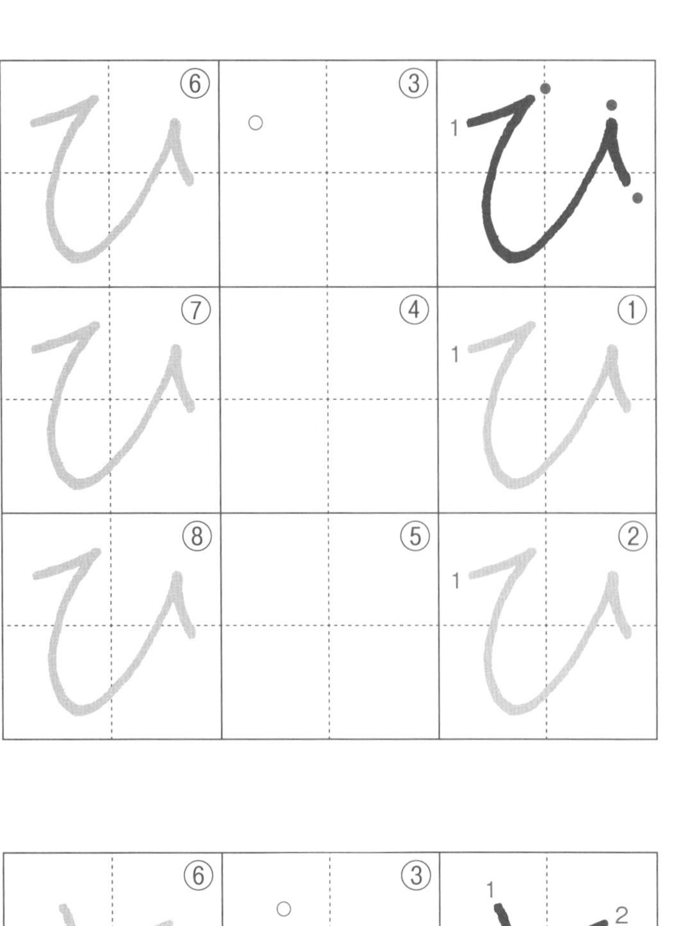

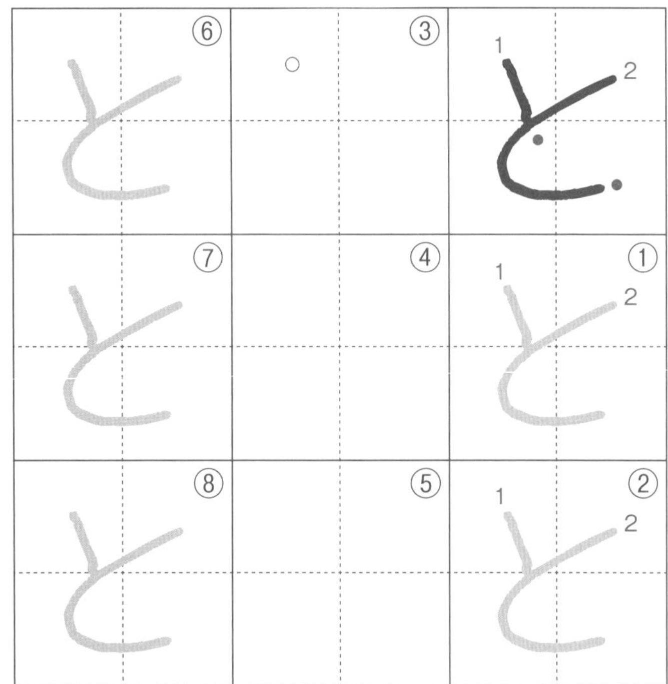

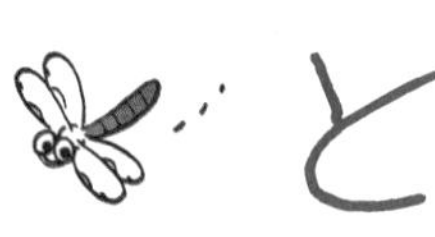

「ひ」は、少しかたむけて書きます。「と」は、2画目の開き具合に気をつけましょう。

○ × ○ ×
ひ ひ と と

【21ページのこたえ】①6 ②8 ③7 ④9 ⑤10

10までの かず 3

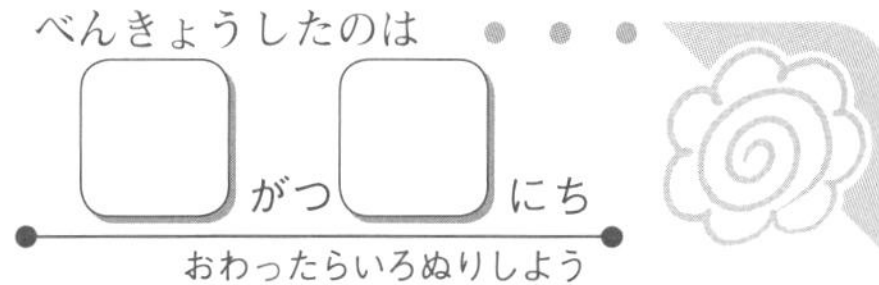

いくつ　あるでしょう。□に　かずを　かきましょう。

①

②

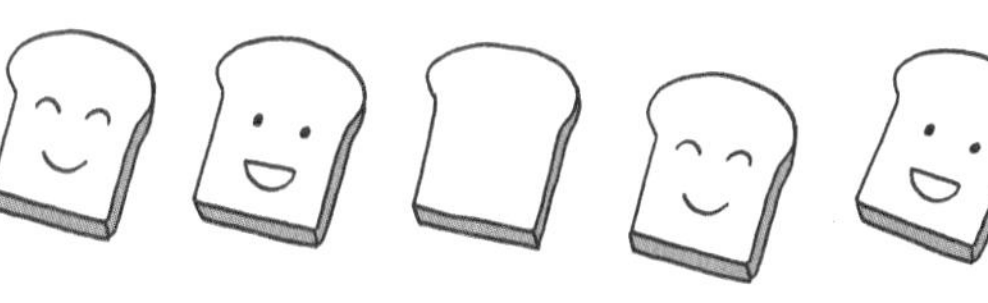

③

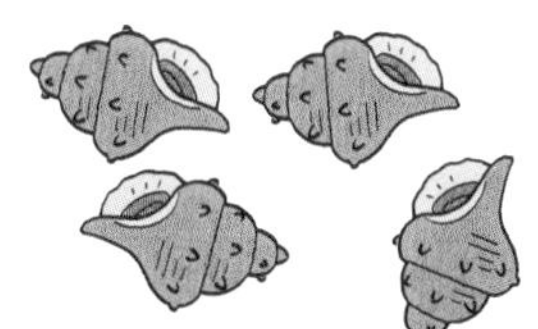

④

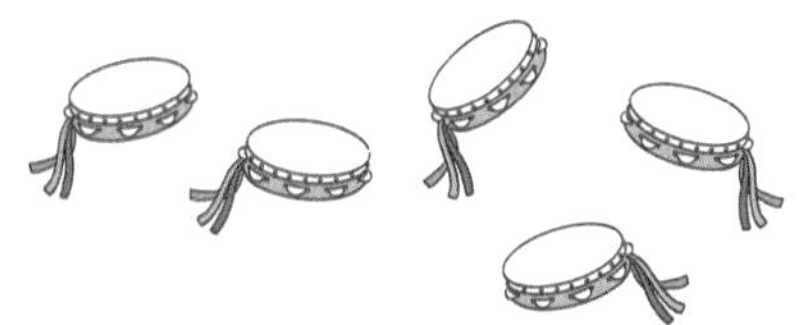
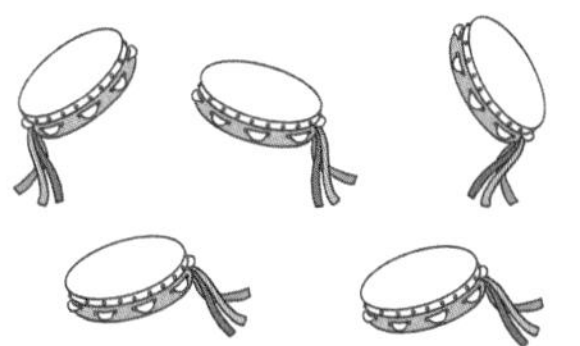

⑤

● おうちの方へ  ●

このページでは、５つの固まりの横に次の固まりを並べました。並べ方は21ページよりさらにくずれています。５の固まりをぱっとつかめて、「５、６、７…」のように数えられるといいですね。

ひらがな 7

べんきょうしたのは　がつ　にち

おわったら いろぬりしよう

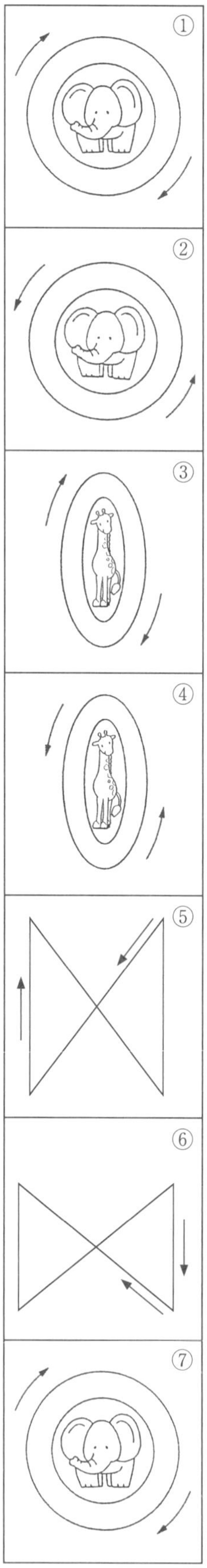

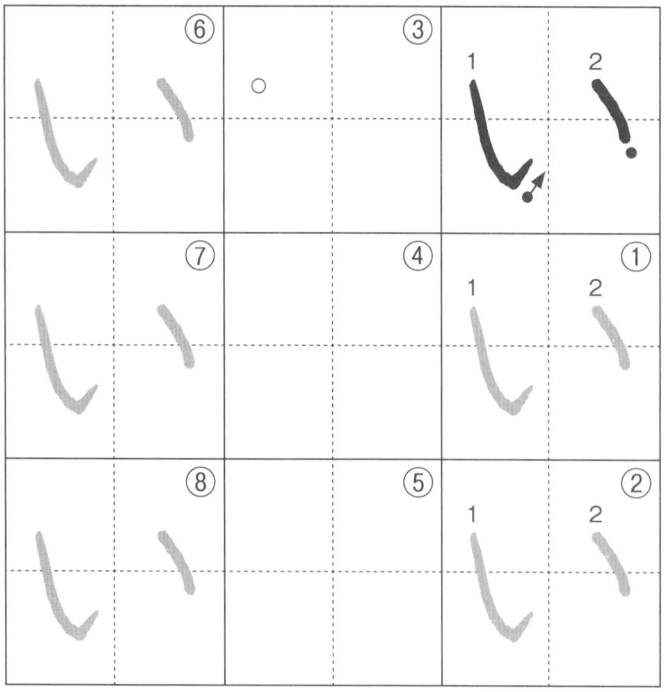

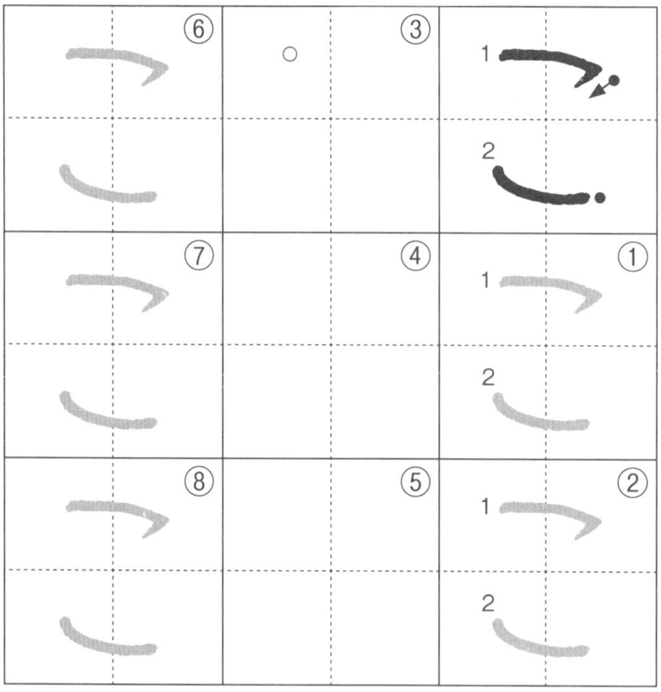

①　②　③　④　⑤　⑥　⑦

い　①　②　③　④　⑤　⑥　⑦　⑧

こ　①　②　③　④　⑤　⑥　⑦　⑧

こ 　い

● おうちの方へ ●

「い」は、上の線はそろえて、下の線はななめになるように書きましょう。「こ」は、中に円が入るようにふっくらと書きましょう。

【23ページのこたえ】①7　②6　③9　④10　⑤8

10までの かず 4

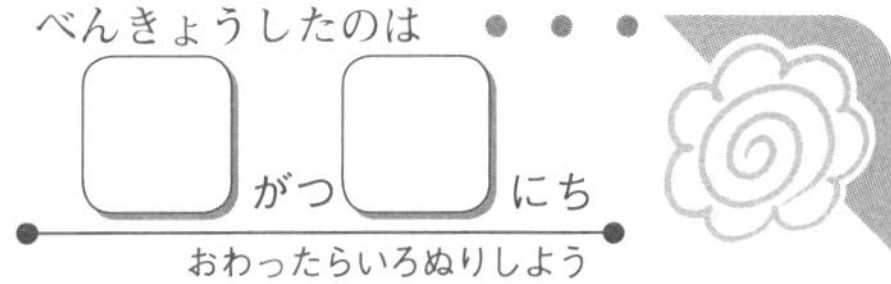

1. タイル（たいる）の　かずを　かぞえましょう。□に　かずを　かきましょう。

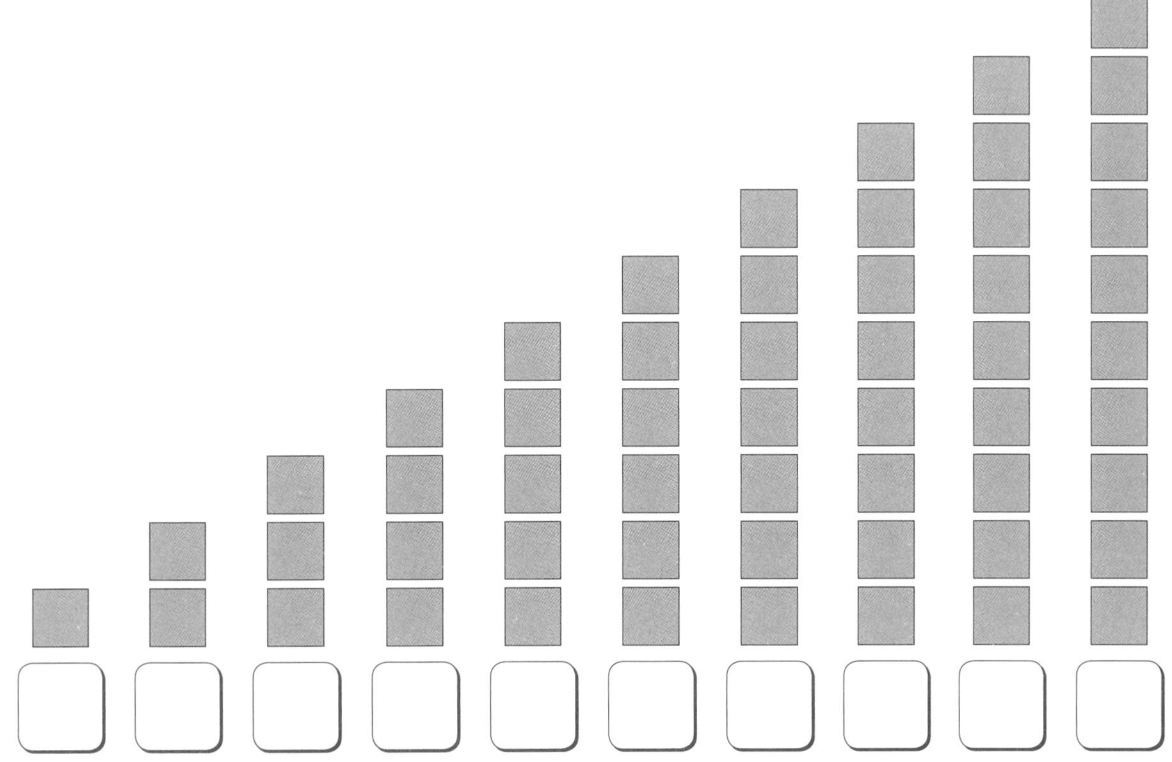

2. かずを　じゅんに　かきましょう。かいたら　よみましょう。

● おうちの方へ ●

10までの数のまとめです。数を唱えることが最近減っています。1～10の順をきっちり覚えていないと、「57、58、59、70」と言ってしまったり、「60かな？ 80かな？」と迷ったりすることがあります。うすい数字はなぞらせます。

ひらがな 8

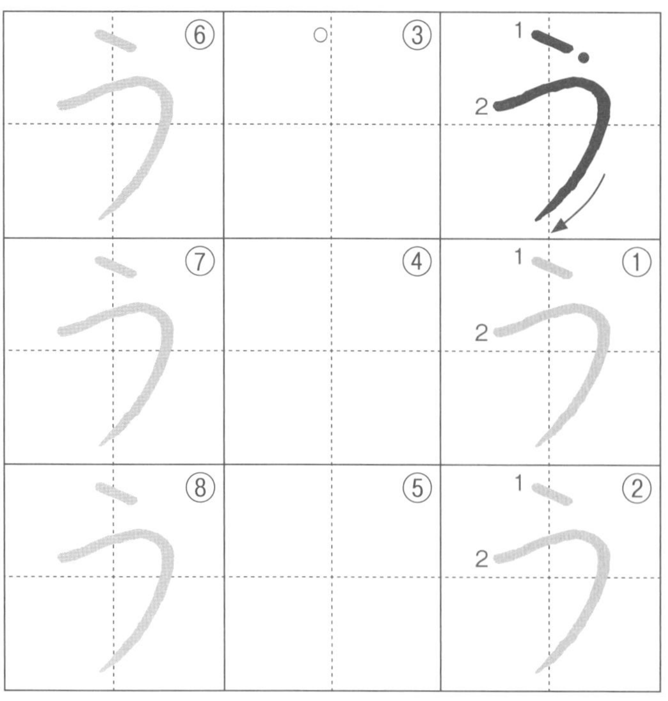

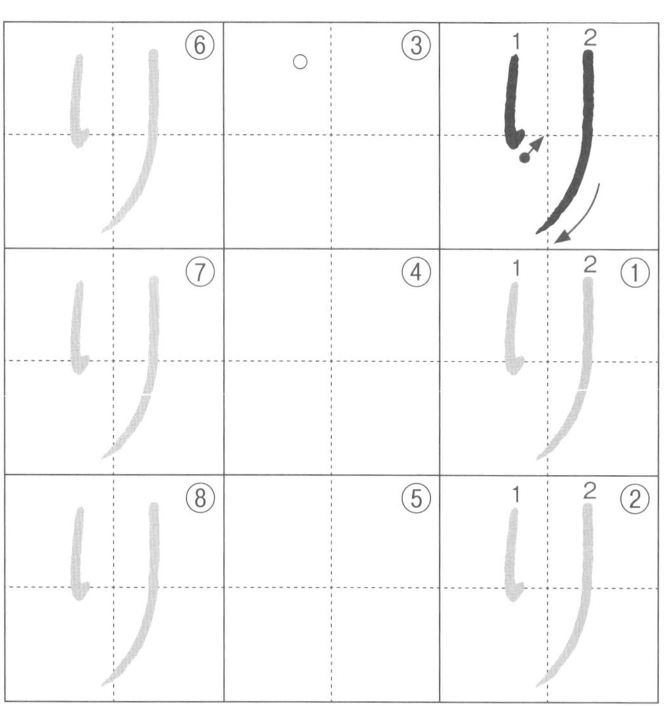

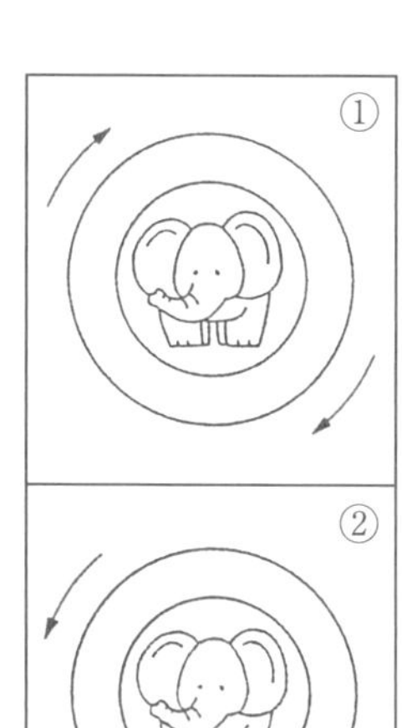

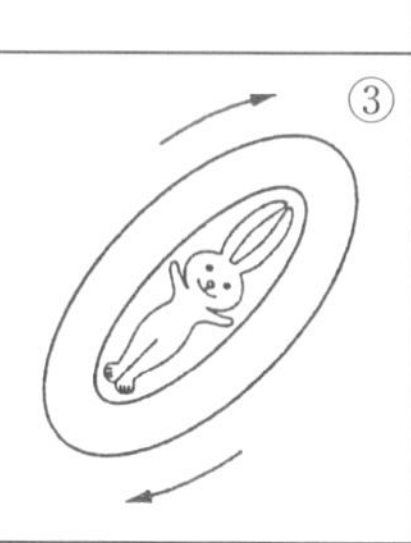

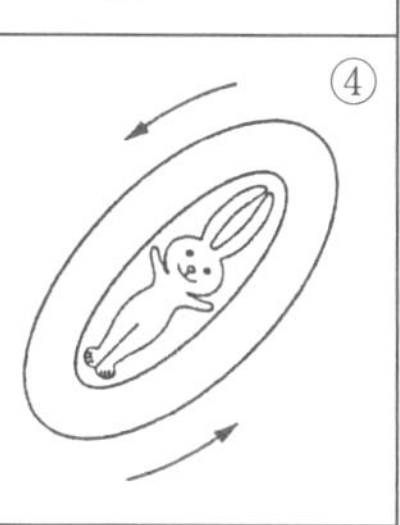

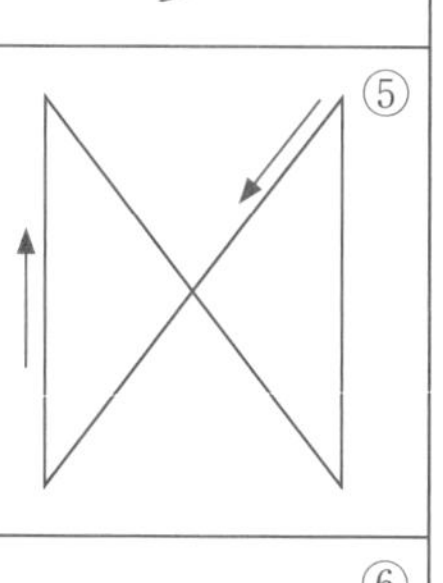

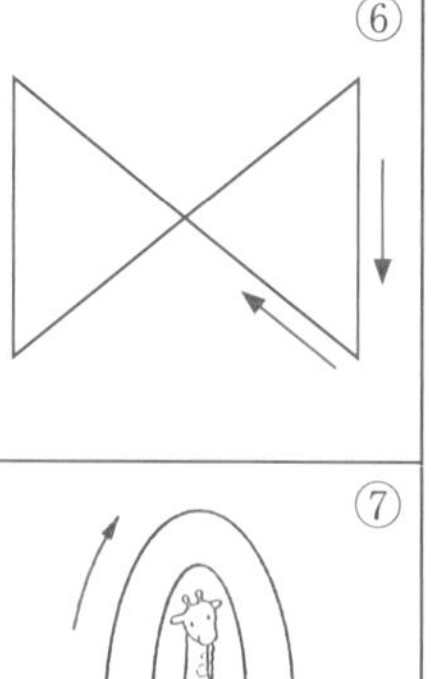

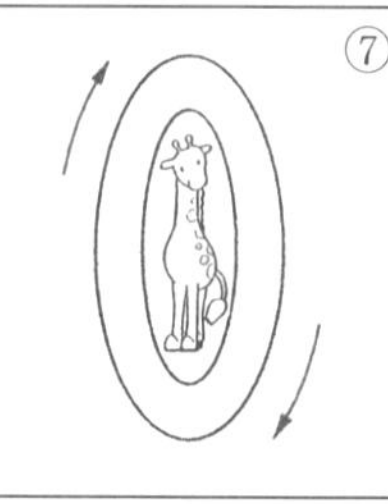

べんきょうしたのは

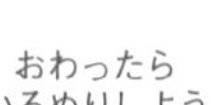

「う」は、2画目が丸くなりすぎないようにし、最後は縦の中心線より少し左に出るように長めにはらいましょう。「り」の1画目ははねましょう。 う × う ○

【25ページのこたえ】1.（ひだりから）1・2・3・4・5・6・7・8・9・10
2.（うえ・したとも）1・2・3・4・5・6・7・8・9・10

0も かず

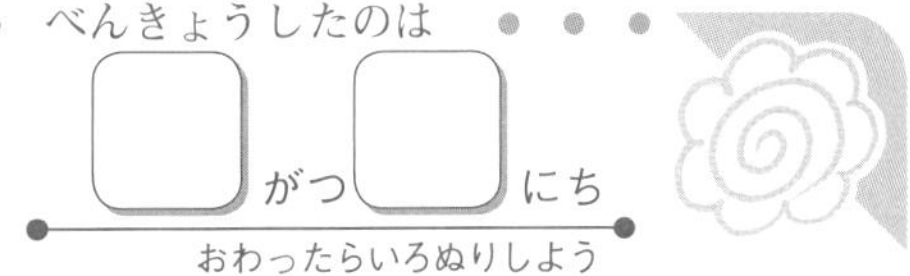

1. おかしは　いくつでしょう。□に　かずを　かきましょう。

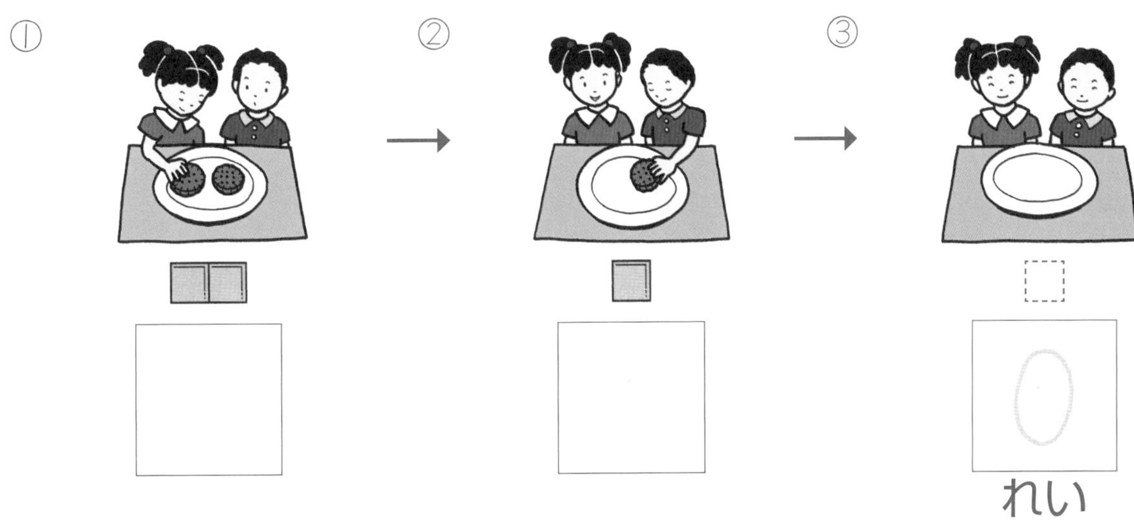

2. なんてん　はいったでしょう。

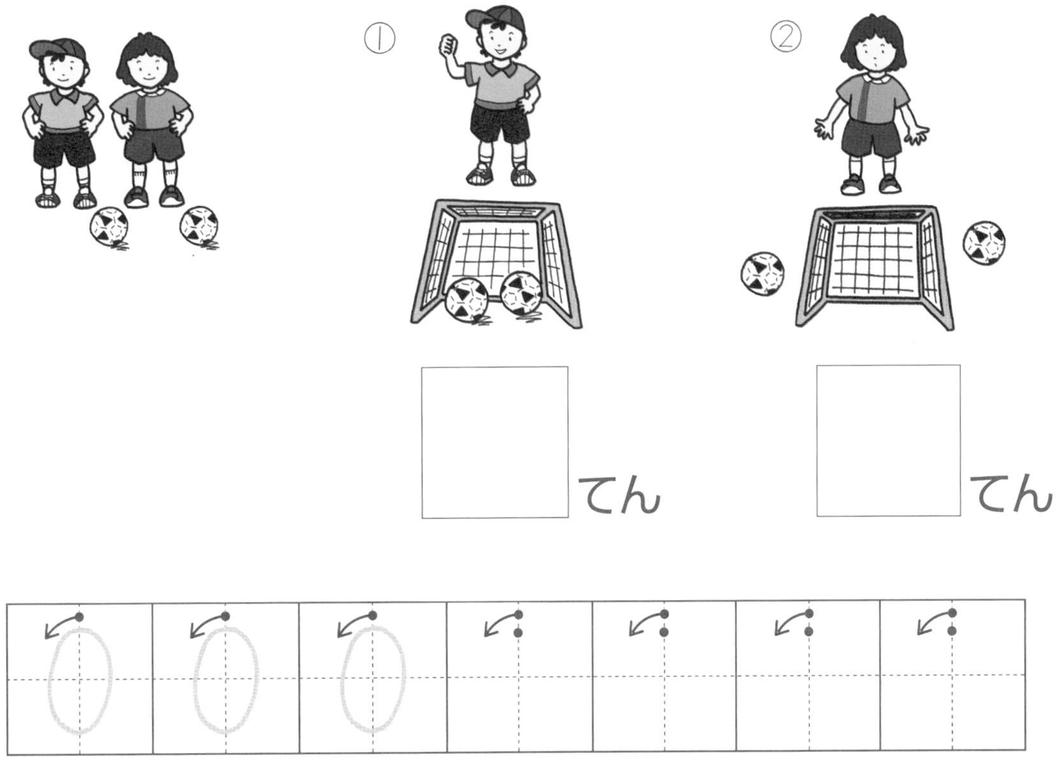

おうちの方へ

上の図を見て、「何もない」ことを表す数が「0」だということが理解できればいいです。0の筆順も正しく覚えさせましょう。「0」の読み方は「れい」です。「ゼロ」は英語です。下段で0の練習をします。

ひらがな 9

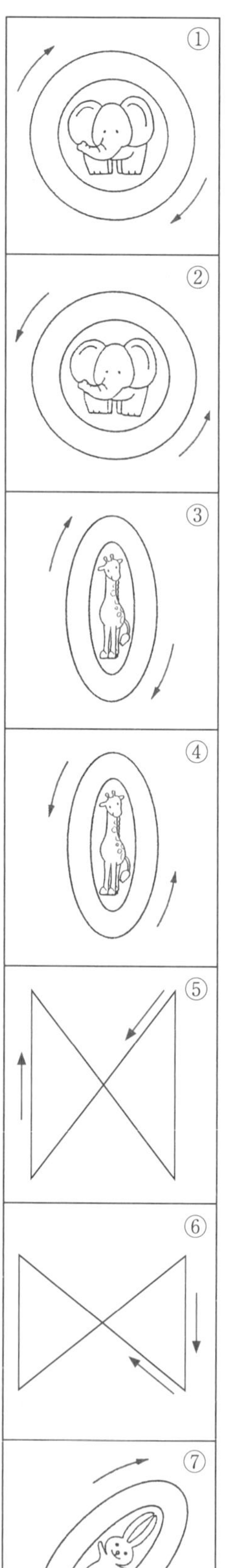

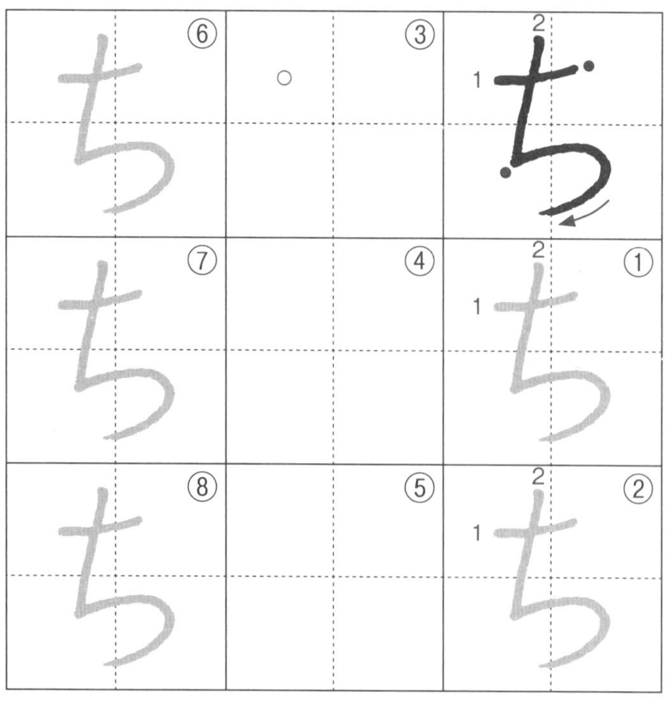

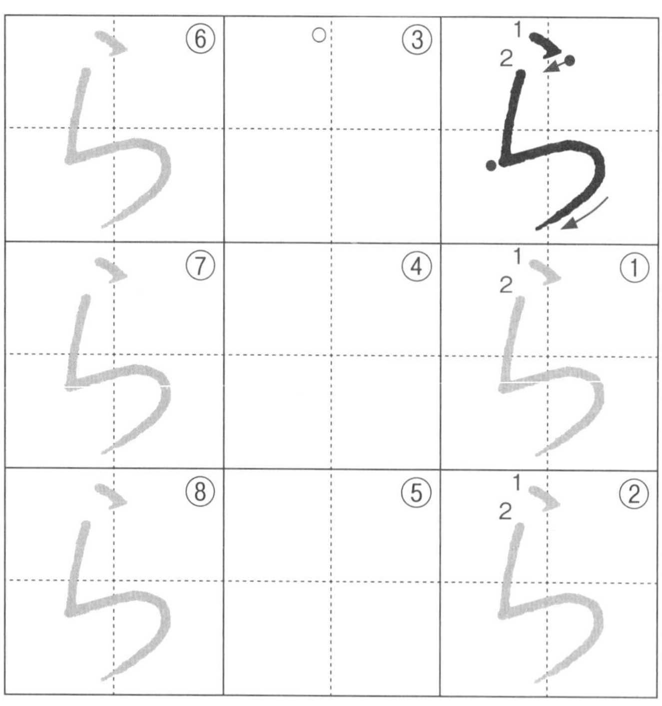

ら

ち

べんきょうしたのは

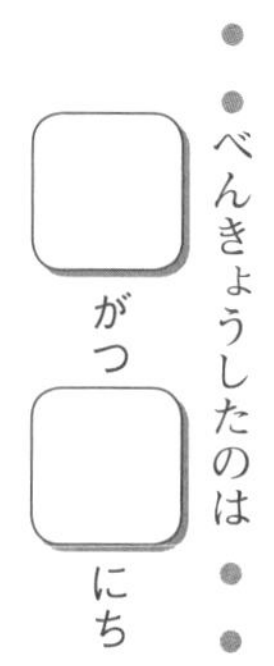

がつ　にち

おわったら
いろぬりしよう

● おうちの方へ ●

「ち」「ら」とも、「ろ」のように文字の上の部分をかくすと「つ」になるように書きましょう。

ひとつ ふえると 1

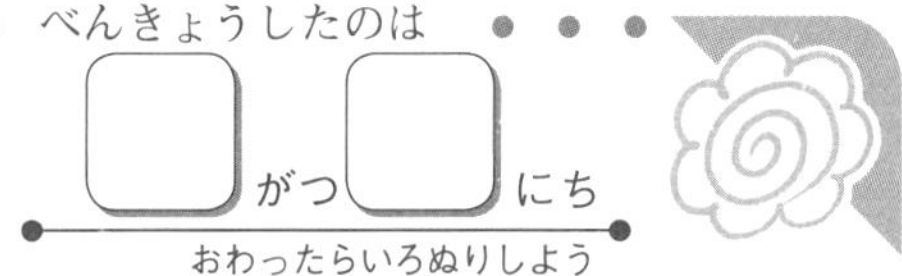

ひとつ　ふえた　かずを　□に　かきましょう。

①

②

③

④

⑤

おうちの方へ 

「0、ひとつふえると1」というように、声に出して読み上げるようにさせましょう。「ひとつふえる」はたし算につながる言い方です。

ひらがな 10

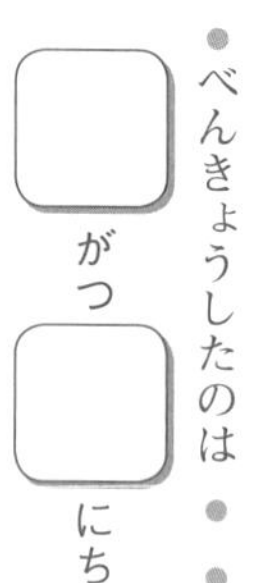

べんきょうしたのは　がつ　にち

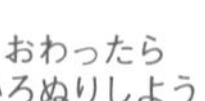

おわったら いろぬりしよう

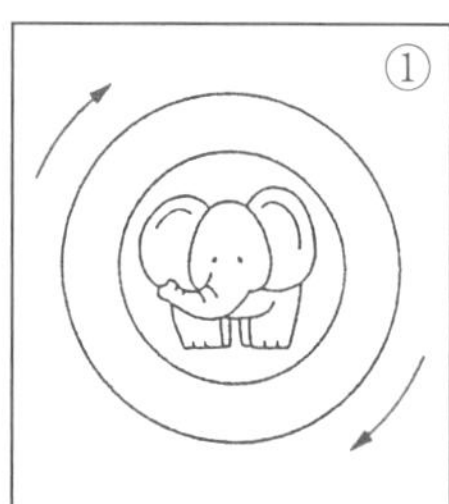

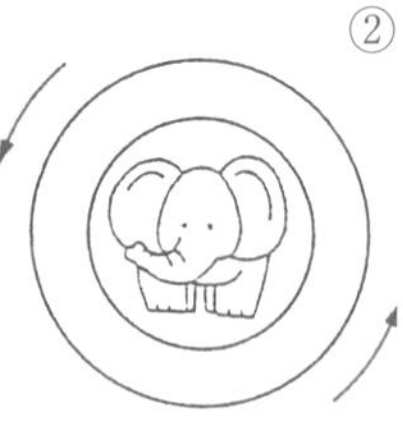

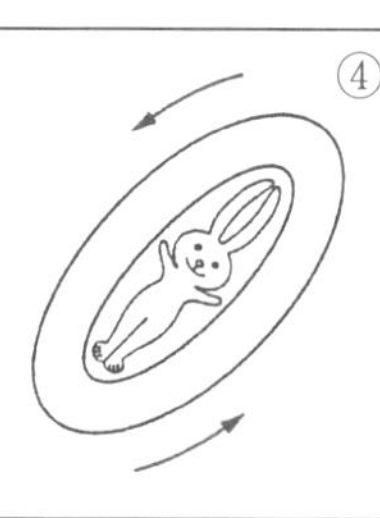

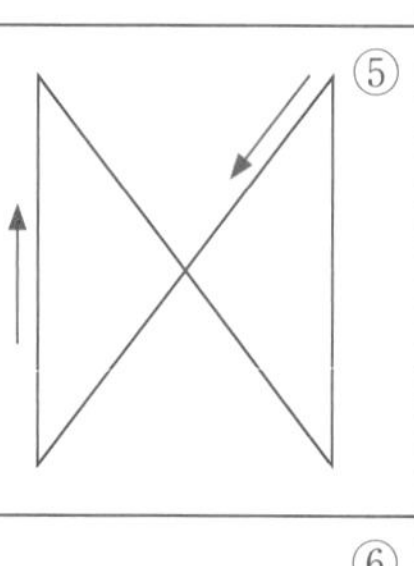

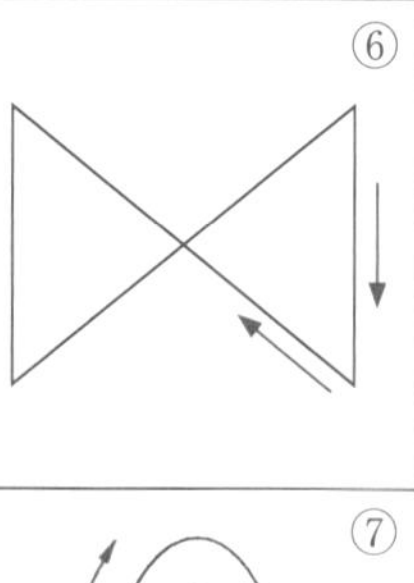

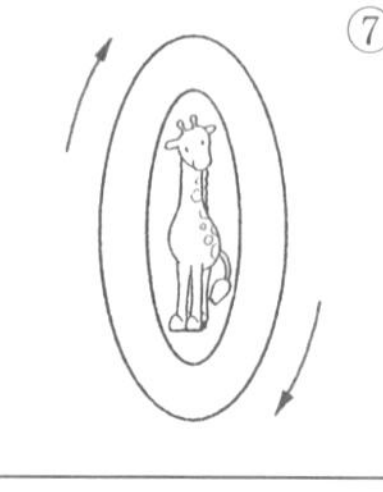

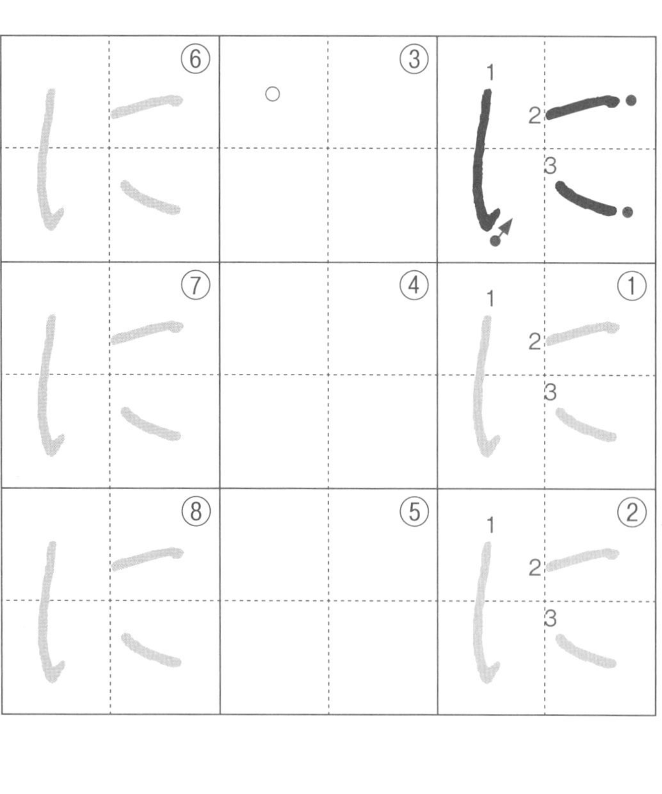

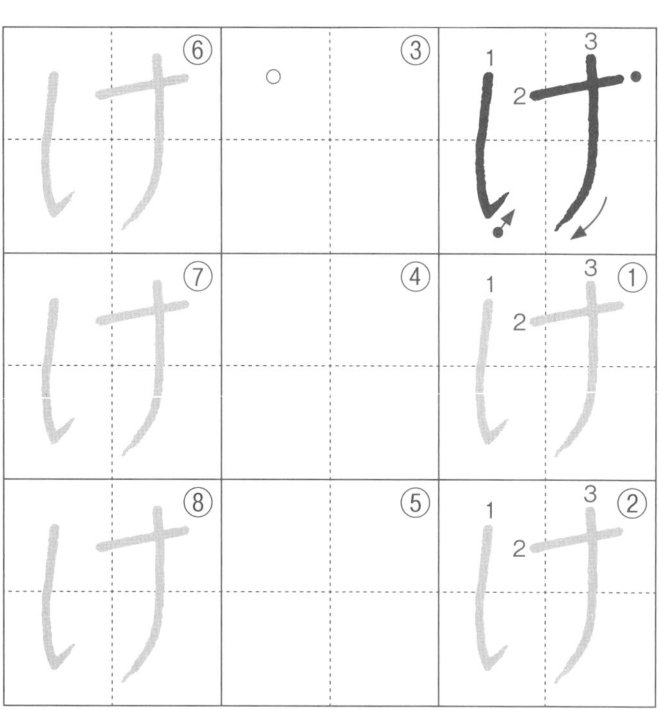

● おうちの方へ ●

「に」「け」とも、1画目はやや丸みをもたせてふっくらと書きましょう。

【29ページのこたえ】①1 ②2 ③3 ④4 ⑤5

ひとつ ふえると 2

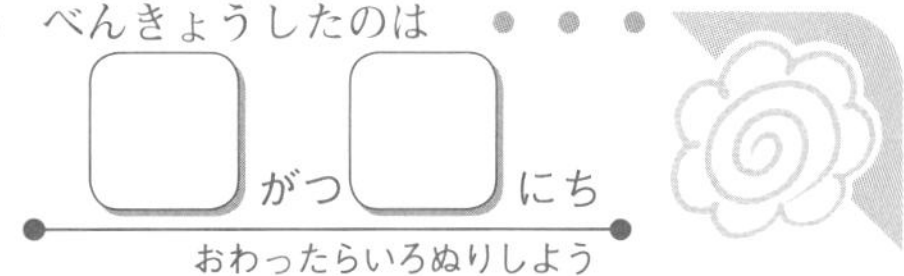

 ひとつ　ふえた　かずを　□に　かきましょう。

①

5　ひとつ ふえると →

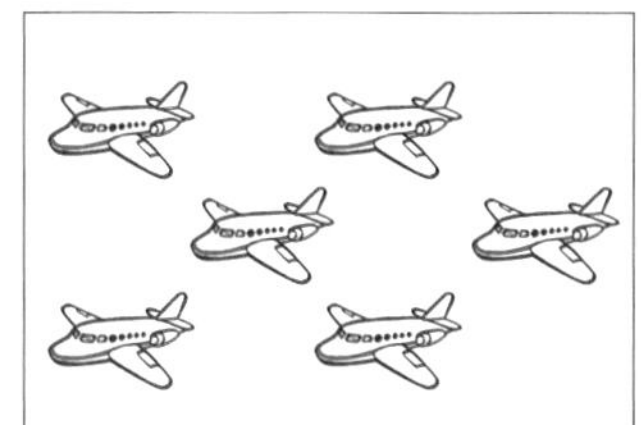

②

6　ひとつ ふえると →

③

7　ひとつ ふえると →

④

8　ひとつ ふえると →

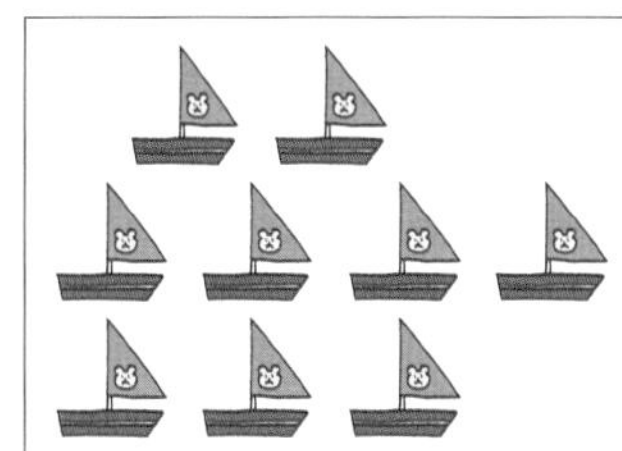

⑤

9　ひとつ ふえると →

おうちの方へ

左の絵にあるものを数えて、右の数と同じことを確かめさせましょう。次に、29ページと同様に「5、ひとつふえると6」と声に出して読ませましょう。

ひらがな 11

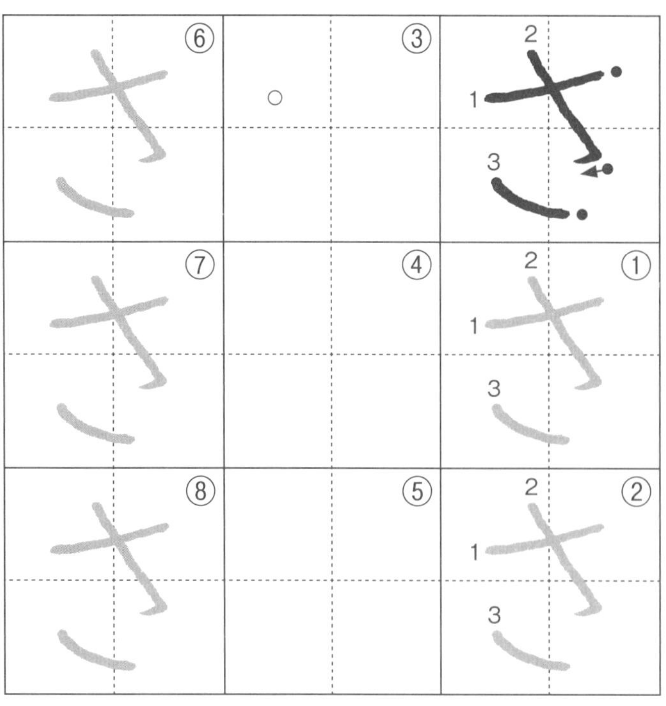

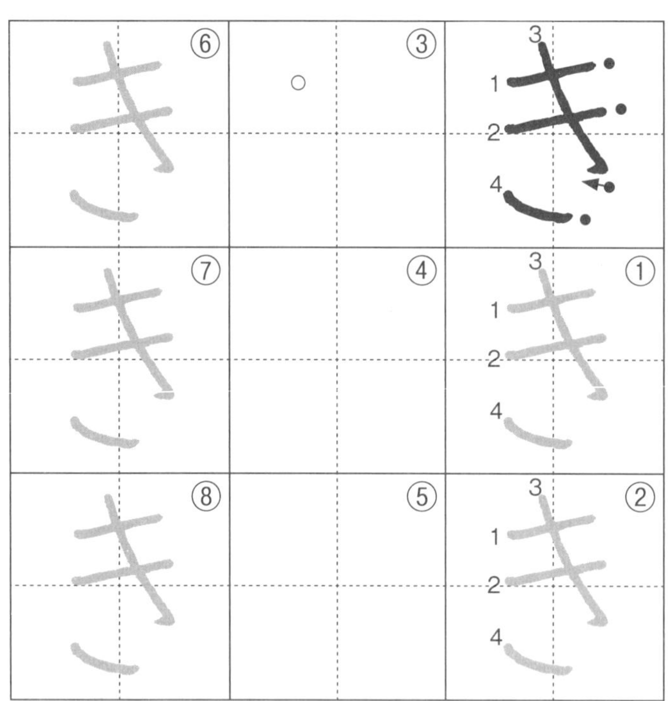

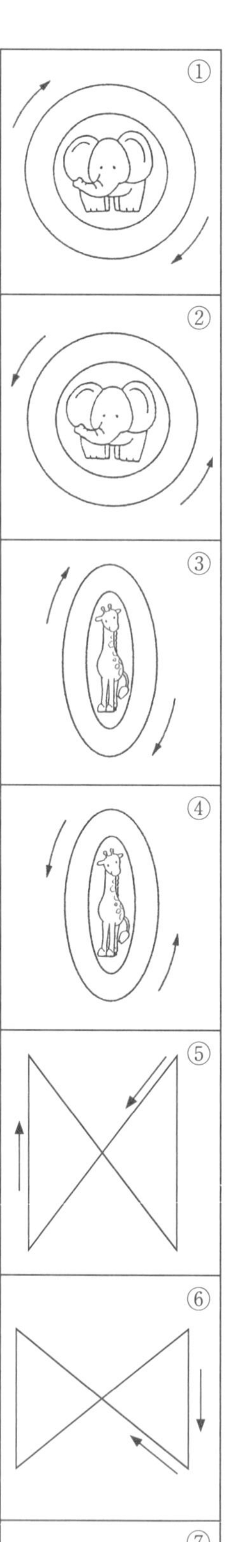

べんきょうしたのは

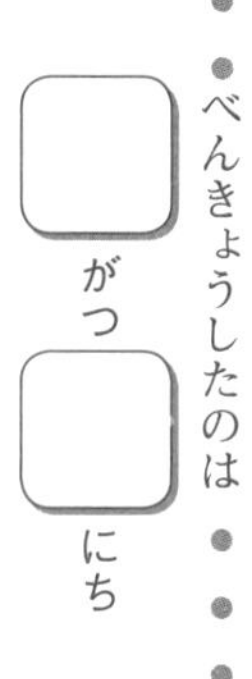

がつ　にち

おわったら
いろぬりしよう

 き　 さ

● おうちの方へ ●

「さ」「き」は、1画目を少し右上がりにするときれいに書けます。「さ」の2画目、「き」の3画目は、はねます。

【31ページのこたえ】①6　②7　③8　④9　⑤10

てんせんを　ていねいに　なぞりましょう。できたら、いろを　ぬったり　じゆうに　えを　かいたり　しましょう。

47ページに　つづく。

●１から　10まで　じゅんに
せんで　つなぎましょう。
できたら　いろを　ぬりま
しょう。

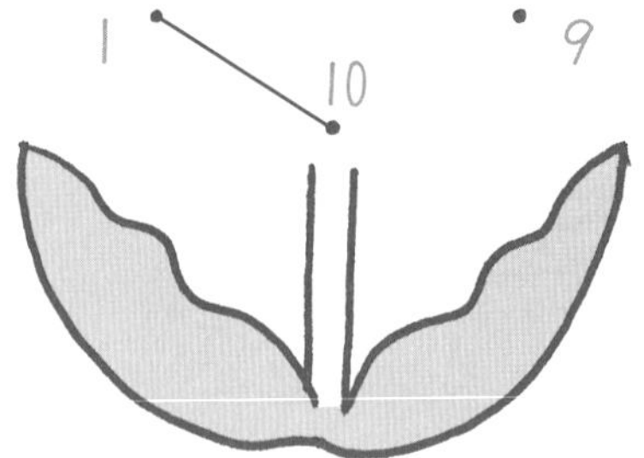

ひとつ へると 1

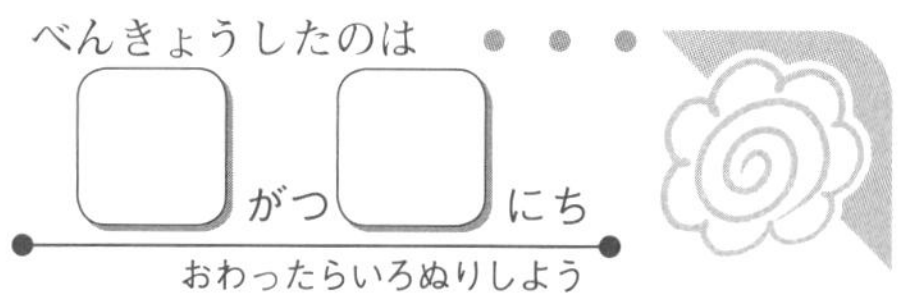

ひとつ　へった　かずを　□に　かきましょう。

①

10　ひとつ へると → □

②

9　ひとつ へると → □

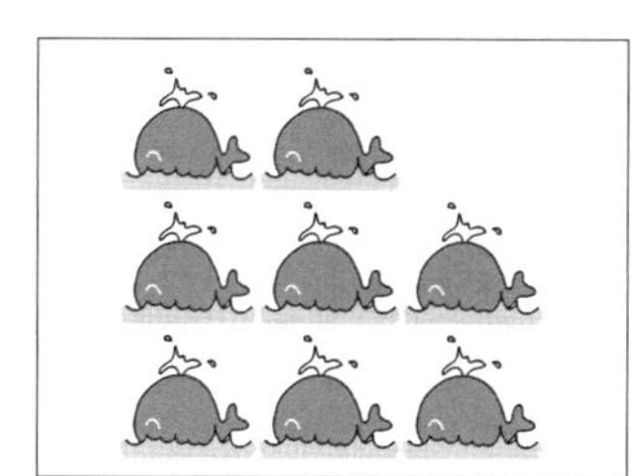

③

8　ひとつ へると → □

④

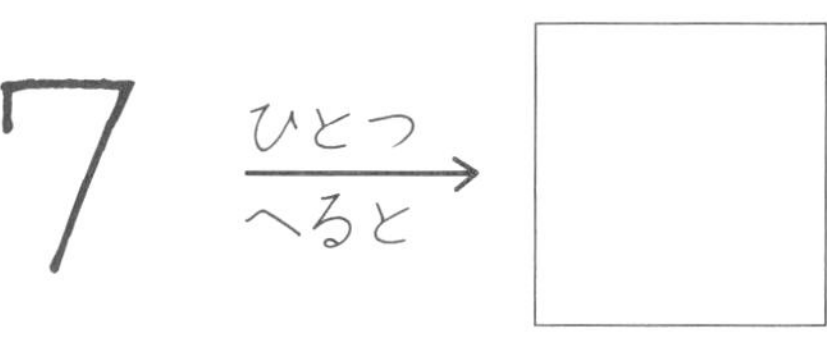

⑤

6　ひとつ へると → □

おうちの方へ

左の絵にあるものを数えて、数字と同じことを確かめさせましょう。そして、①なら「10、ひとつへると9」と声に出して読ませましょう。最後は、9と絵にあるものが同じ数になっているか確かめさせましょう。

ひらがな 12

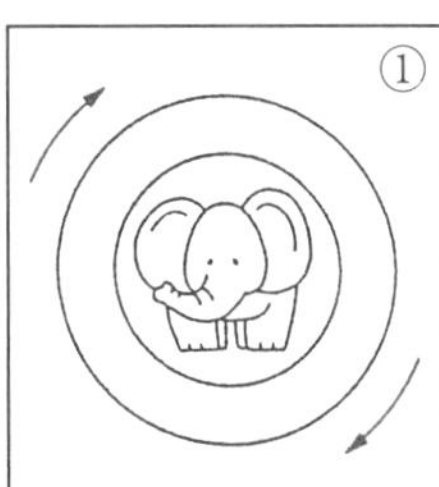

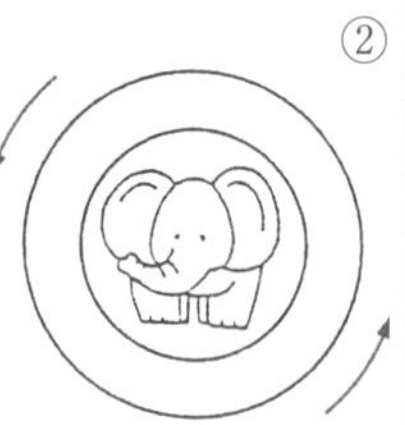

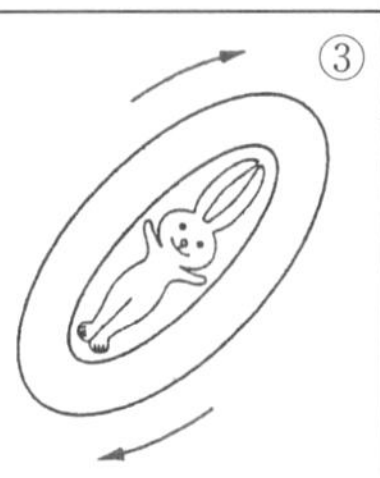

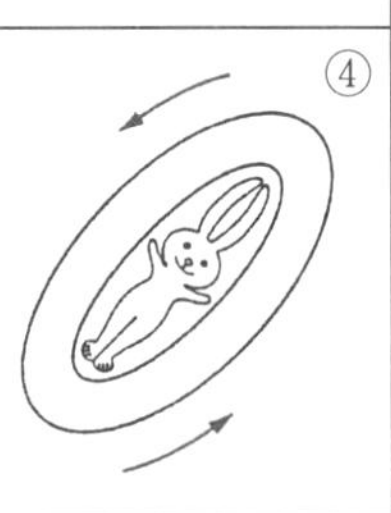

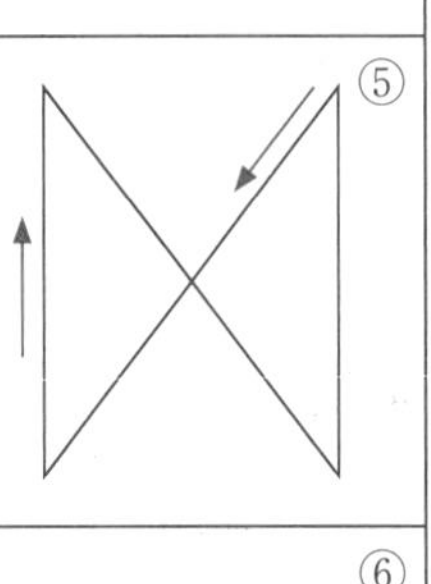

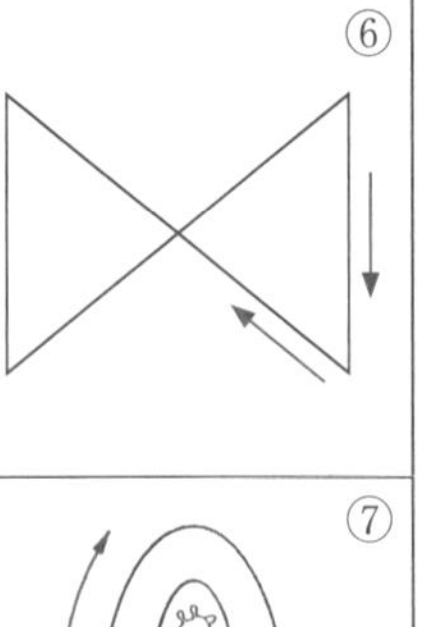

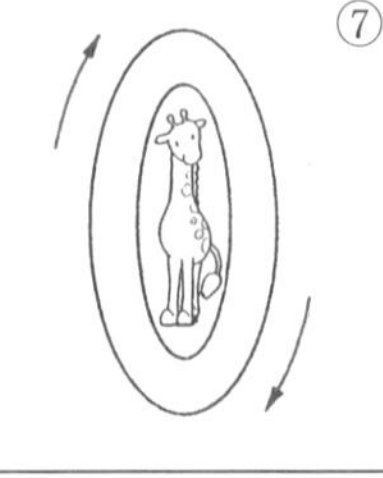

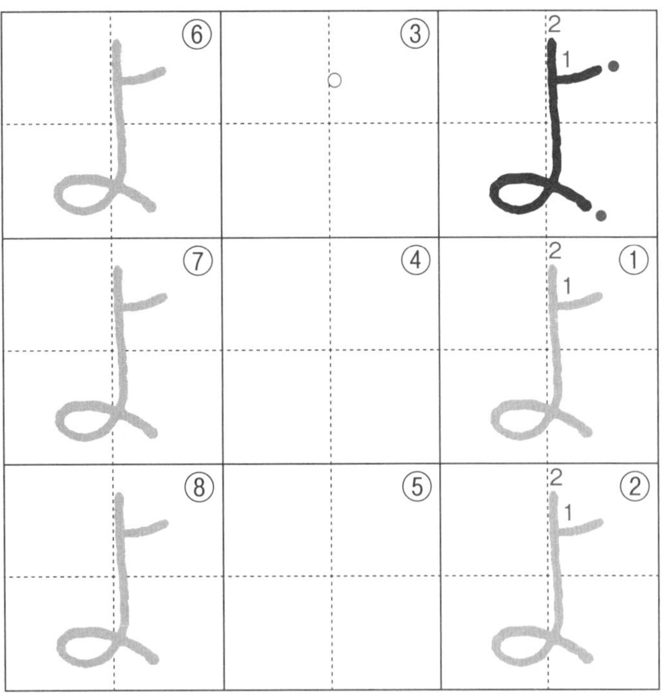

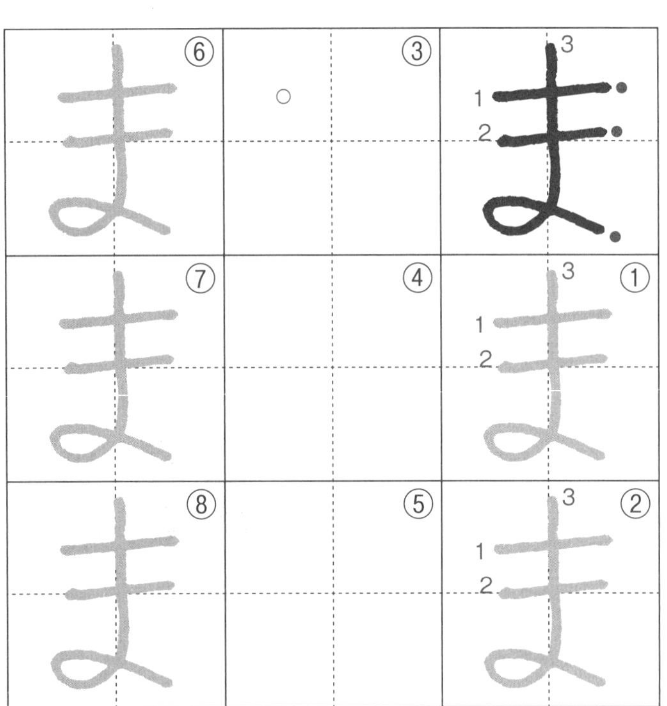

べんきょうしたのは

がつ　にち

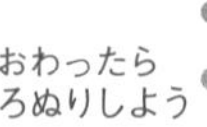

おわったら
いろぬりしよう

おうちの方へ

「よ」「ま」の結びは、丸くならないように∝（魚）をかくようにしましょう。「よ」の筆順をまちがえないようにしましょう。　○よ　×よ

【35ページのこたえ】①9　②8　③7　④6　⑤5

ひとつ へると 2

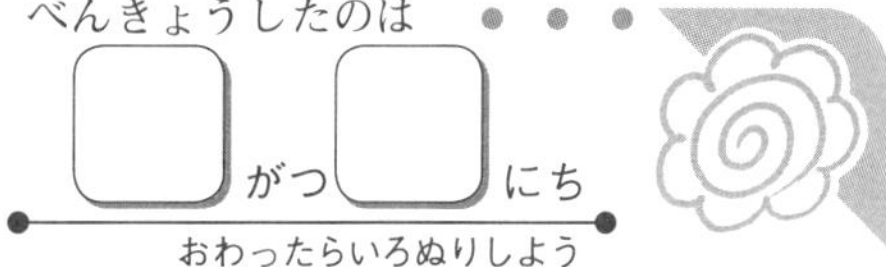

 ひとつ　へった　かずを　□に　かきましょう。

①

5　ひとつ へると →

②

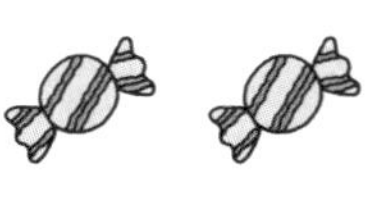

4　ひとつ へると →

③

3　ひとつ へると →

④

2　ひとつ へると →

⑤

1　ひとつ へると →

おうちの方へ

「へる」というのは、ひき算に結びつく考え方です。「5、ひとつへると4」や29・31ページで学習した「3、ひとつふえると4」などが、あたり前のように頭の中に入っていくことで数の基本ができ上がっていきます。

ひらがな 13

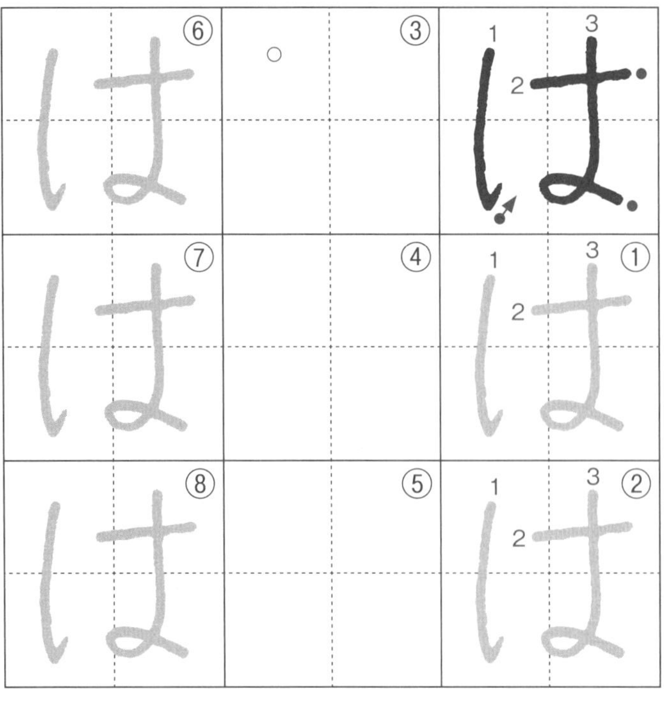

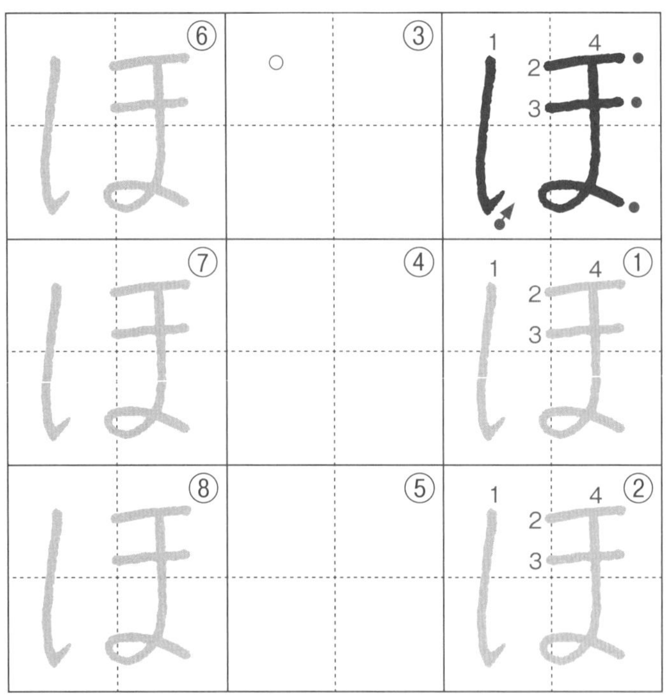

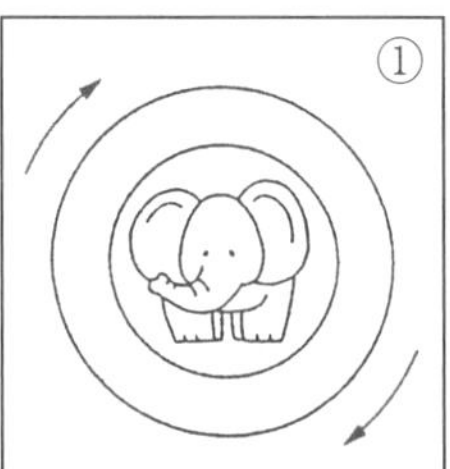

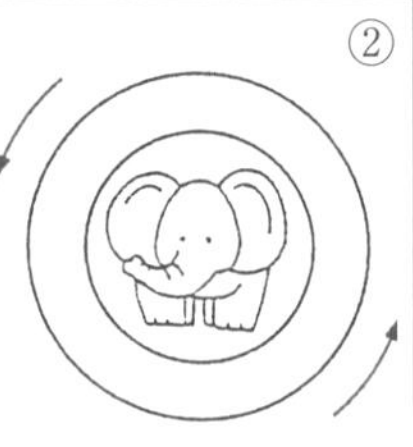

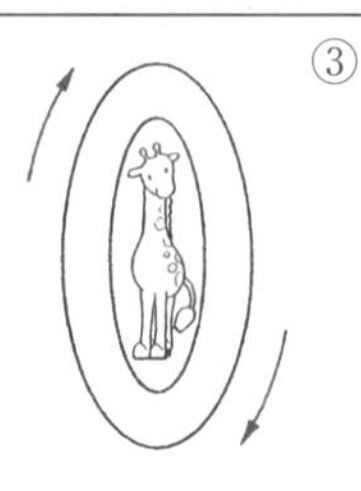

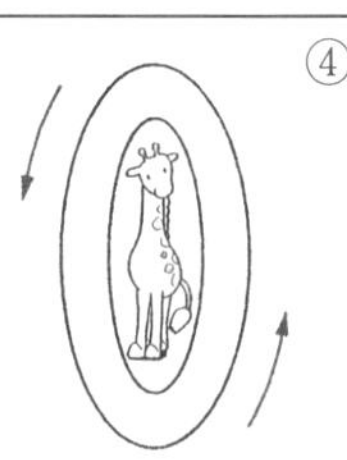

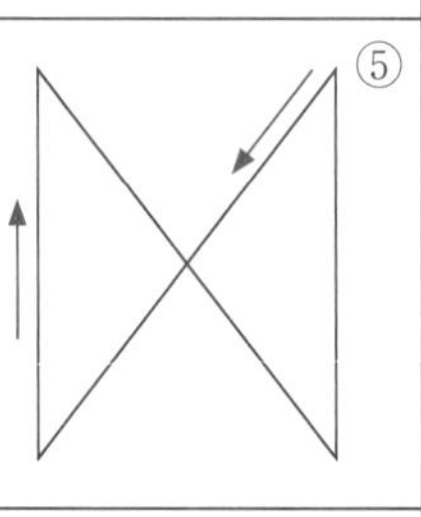

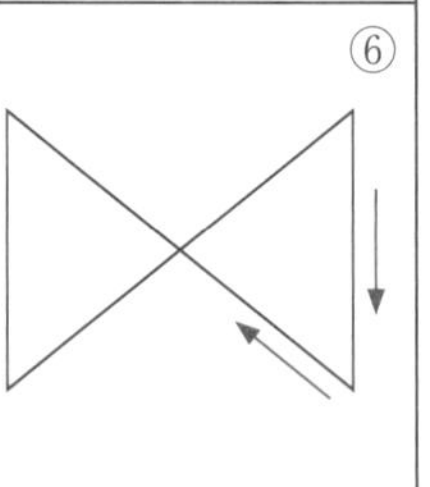

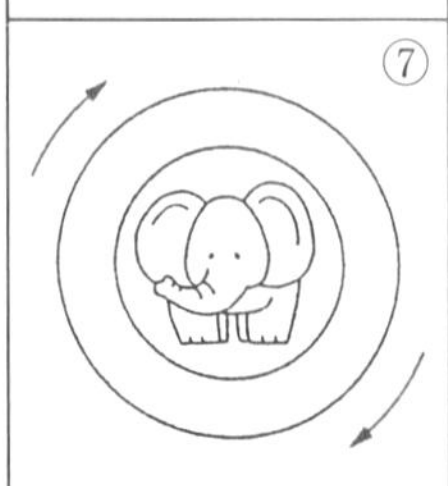

べんきょうしたのは　がつ　にち

おわったら いろぬりしよう

 ほ　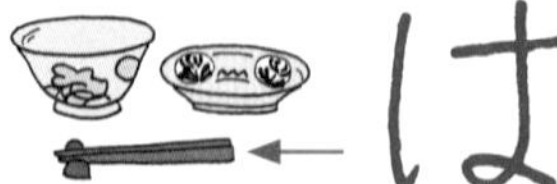 は

● おうちの方へ ●

「は」「ほ」とも、結びは∝（魚）をかくようにしましょう。「ほ」の4画目は、上をつき出さないようにしましょう。まちがいやすい字です。

× ほ　○ ほ

【37ページのこたえ】①4　②3　③2　④1　⑤0

どちらが おおい 1

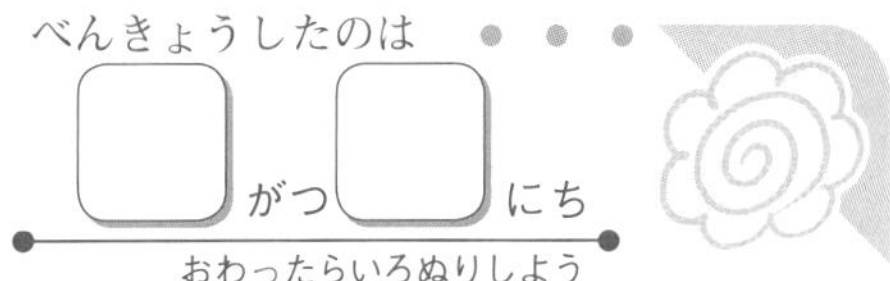

かずの おおい ほうの （　）に ○を つけましょう。

① あ（　）

い（　）

② あ（　）

い（　）

③ あ（　）

い（　）

④ あ（　）

い（　）

● おうちの方へ ●

1つずつ数えて比べさせましょう。形の大きさを比べるのではありません。①のように、線を引いて1つずつ対応させるやり方もあります。

ひらがな 14

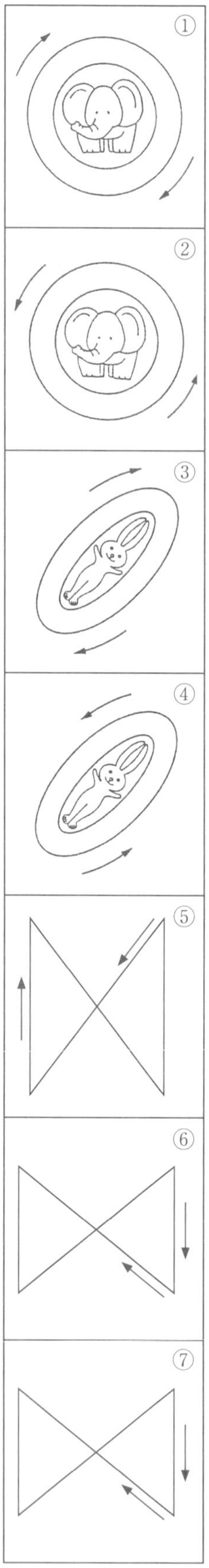

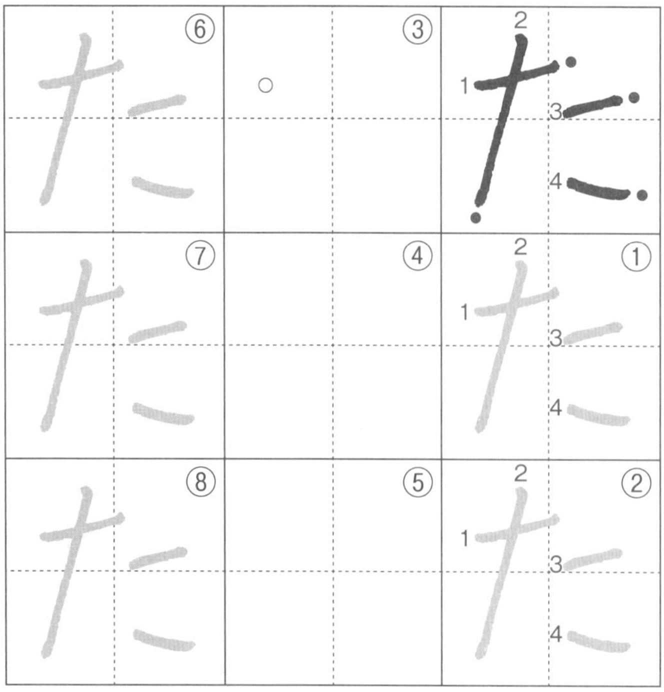

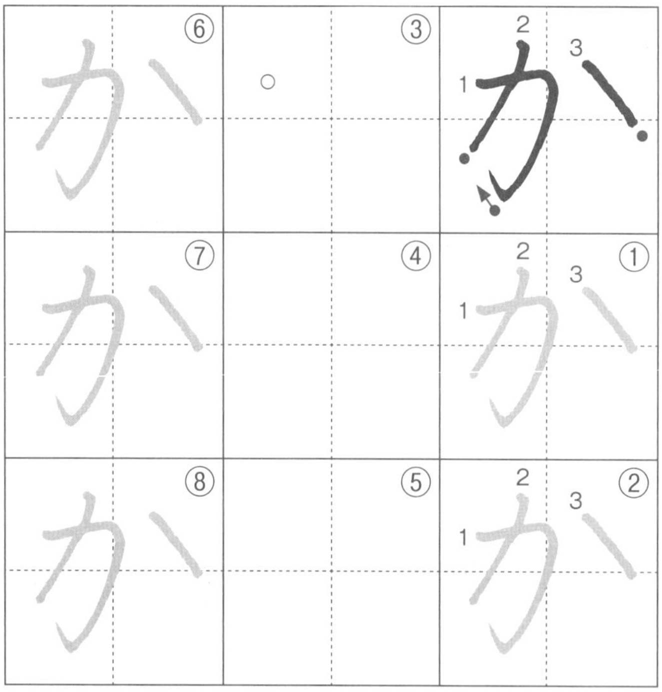

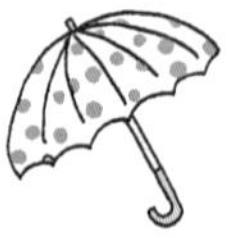

⑥ た	③ ○	たい (1 2 3 4)
⑦ た	④	① た
⑧ た	⑤	② た

⑥ か	③ ○	か (1 2 3)
⑦ か	④	① か
⑧ か	⑤	② か

か 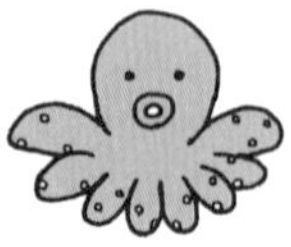　た

①　②　③　④　⑤　⑥　⑦

● おうちの方へ ●

「た」は空間をとるように、3・4画目は2画目から少し離して書きましょう。「か」も、3画目を少し離して書きましょう。

× た　○ た

【39ページのこたえ】①あ　②い　③あ　④あ

どちらが おおい 2

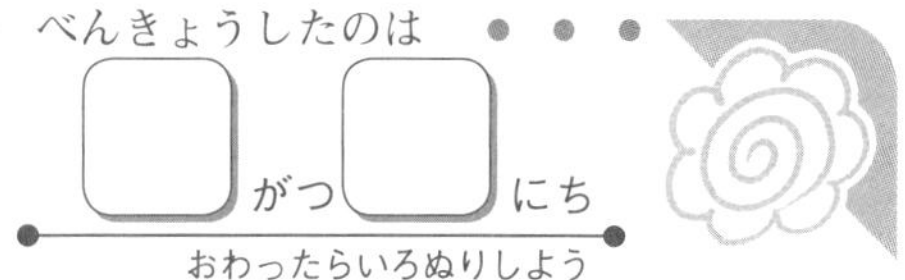

1. かずが おおい ほうの （　）に ○を つけましょう。

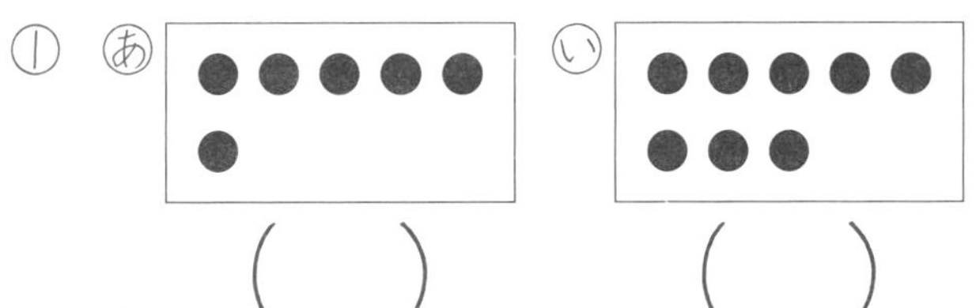

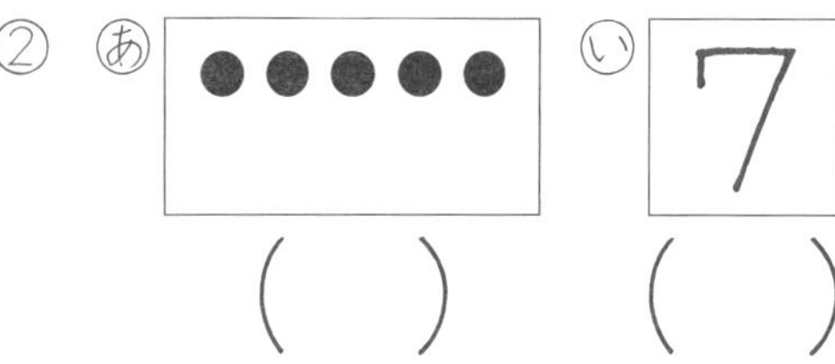

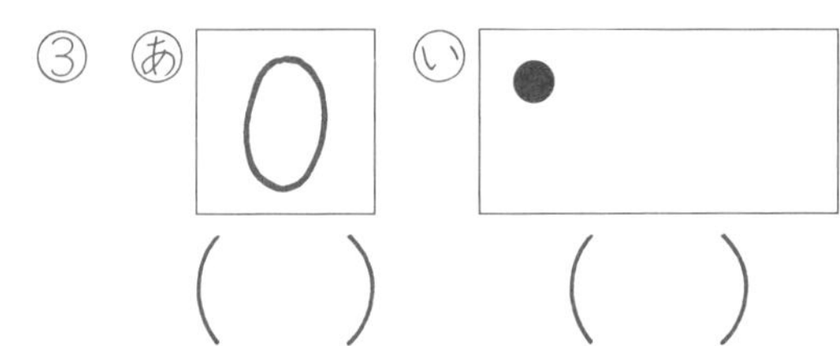

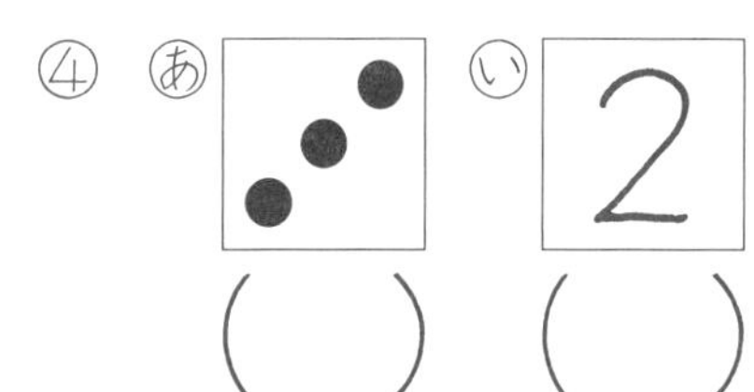

2. おおきい かずの （　）に ○を つけましょう。

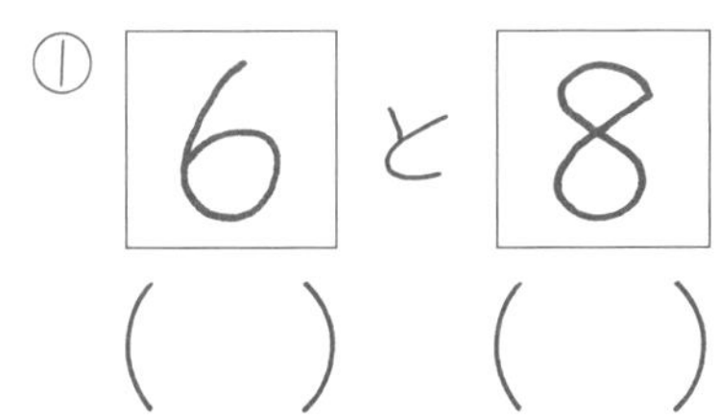

② 2 と 7
（　）（　）

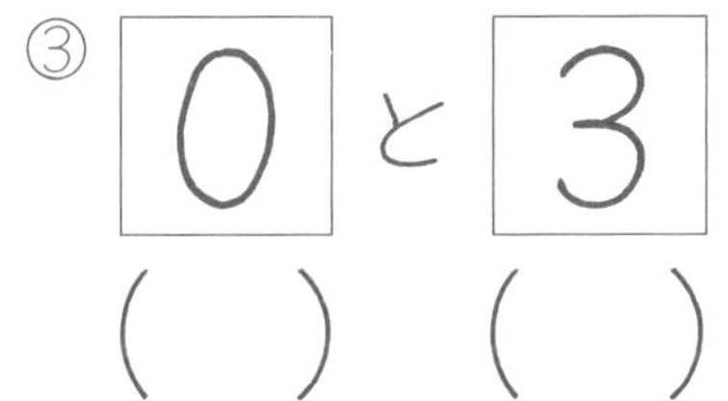

④ 1 と 0
（　）（　）

⑤ 4 と 9
（　）（　）

⑥ 10 と 5
（　）（　）

● おうちの方へ ●

39ページの絵とちがい、数だけで数の多少（大小）を比べる学習です。0～10の数を赤い丸の数で比べたり、絵で比べたりしながら、最終は、数字だけで大小を理解できるようにします。

ひらがな 15

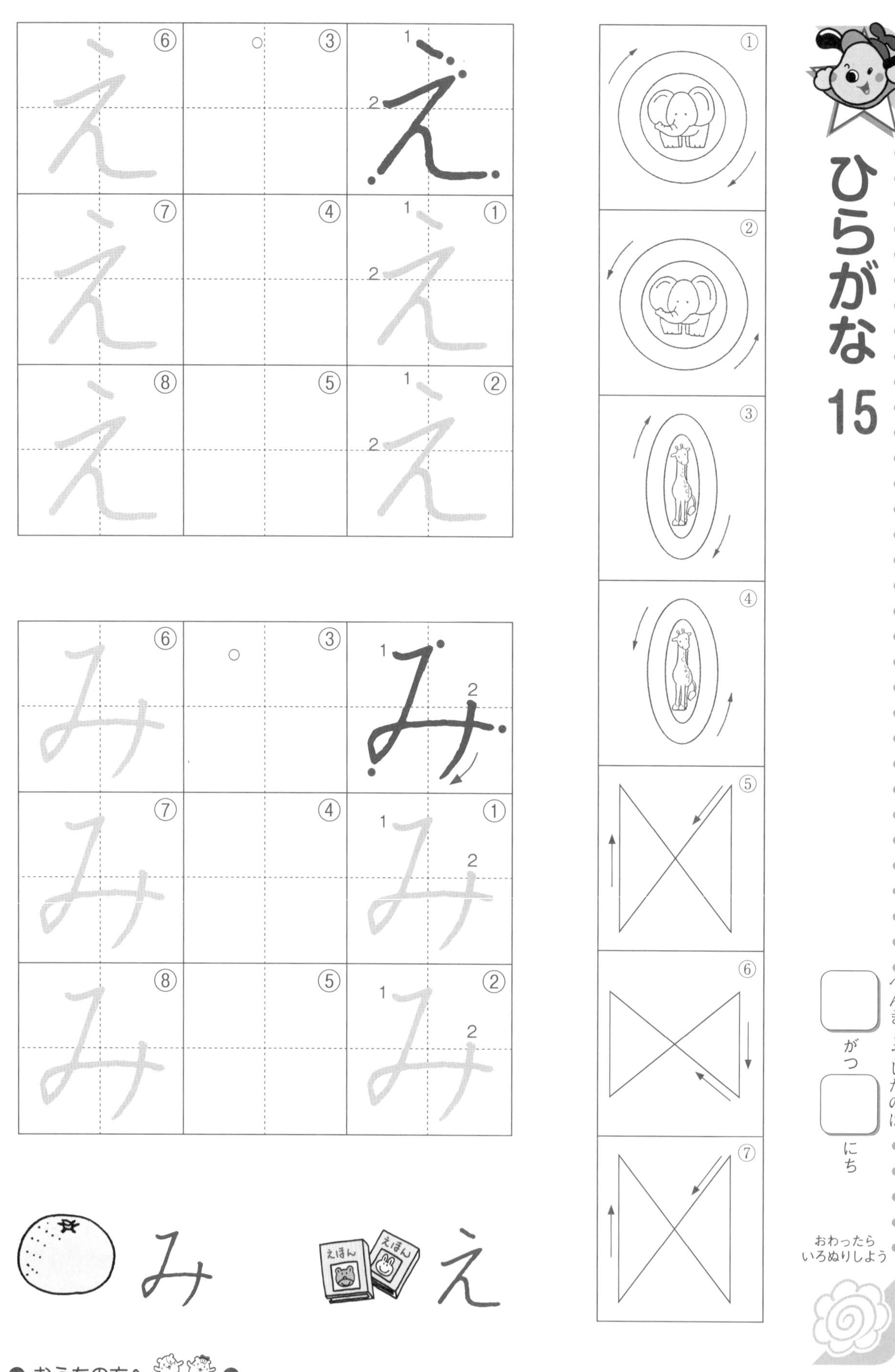

● おうちの方へ ●

「え」は、「え」のようにまん中までもどって、ゆっくりまげます。「み」の２画目は、はらいます。

【41ぺーじのこたえ】1. ①い ②い ③い ④あ 2. ①8 ②7 ③3 ④1 ⑤9 ⑥10

じゅんに かこう 1

あいて いる □に かずを かきましょう。

①
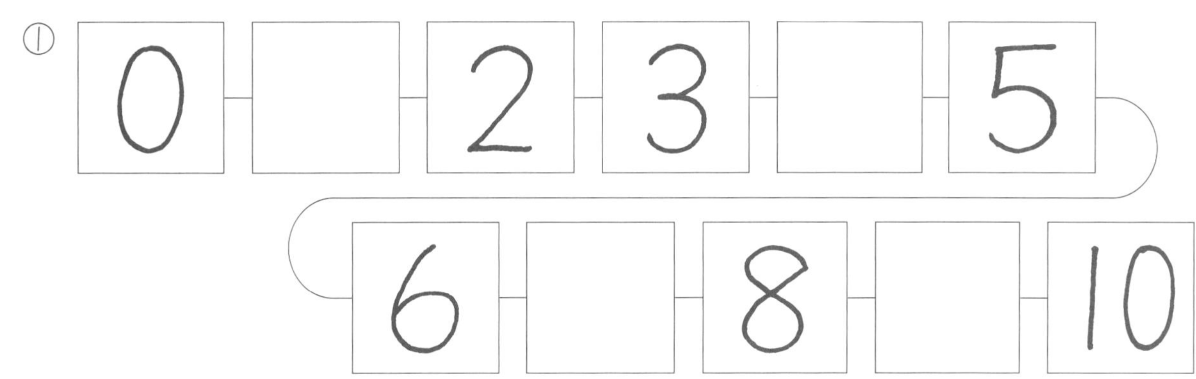

②
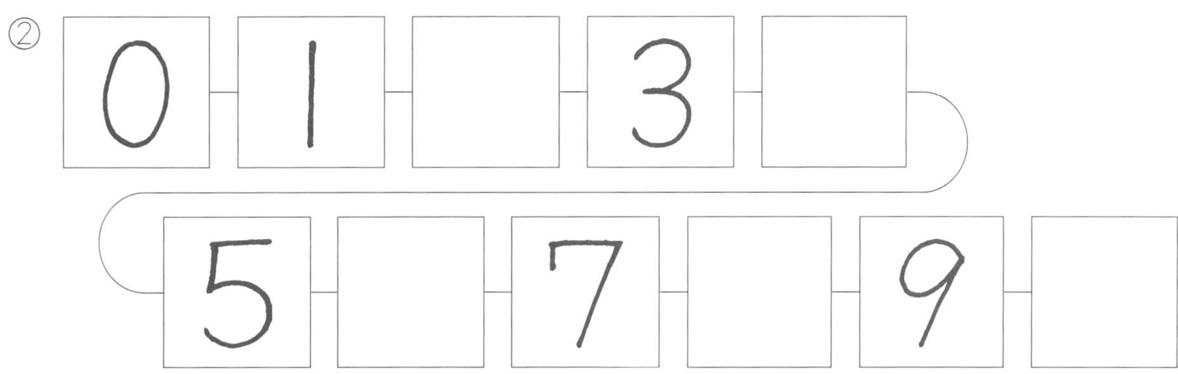

③
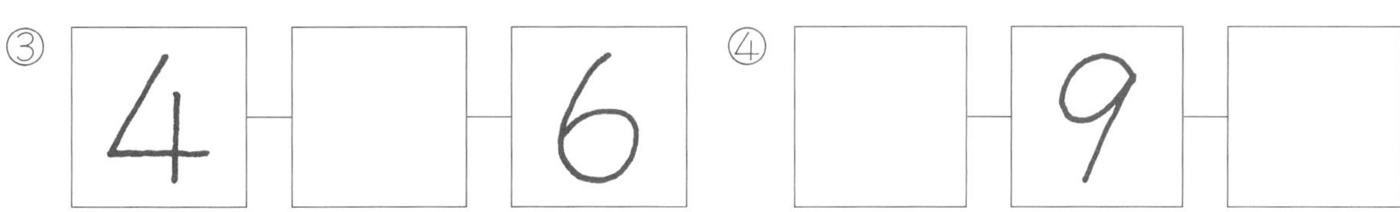

⑤

● おうちの方へ ●

このページは、小さい数から大きい数へ順に考える学習です。③～⑤の答えを書くとき、1から順に数えていませんか。どの数からでも数えられることが大切です。

ひらがな 16

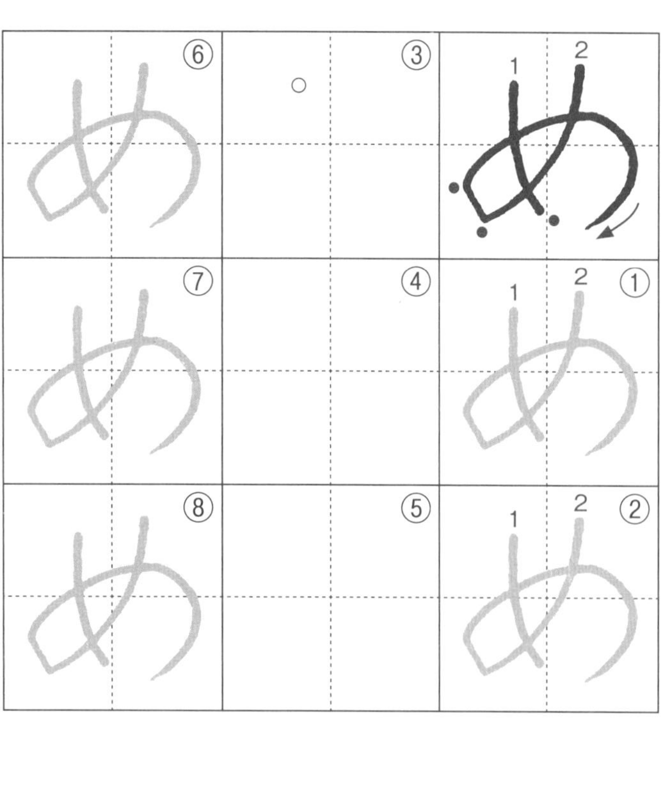

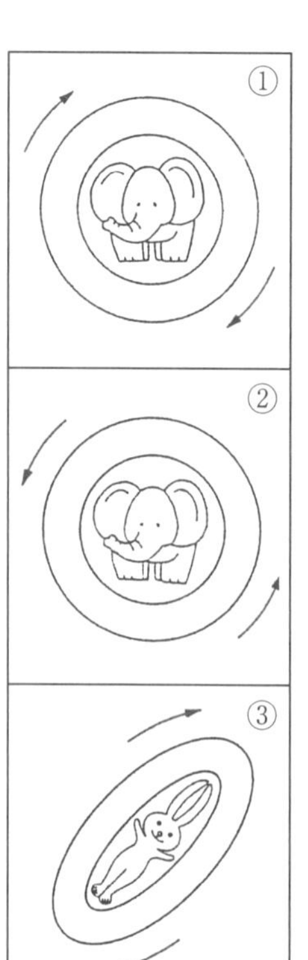

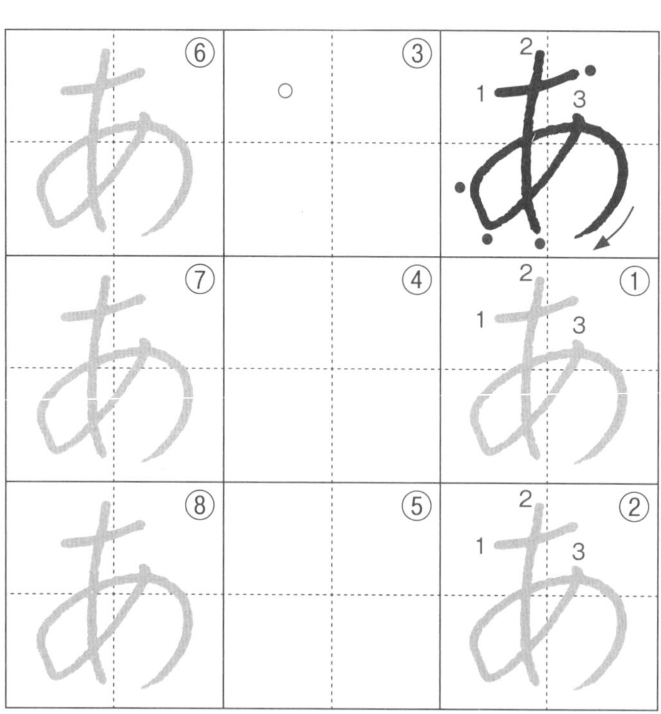

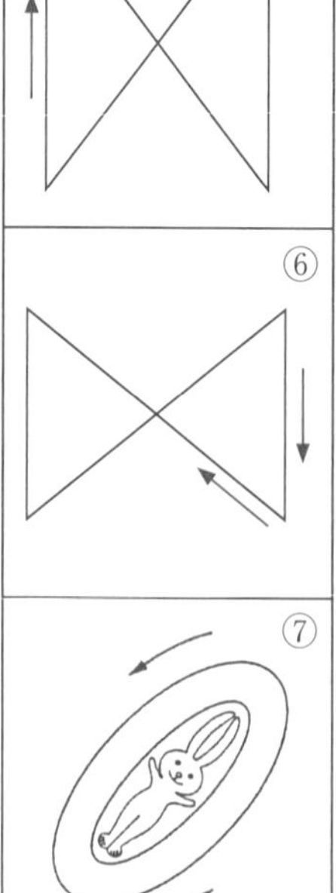

あ

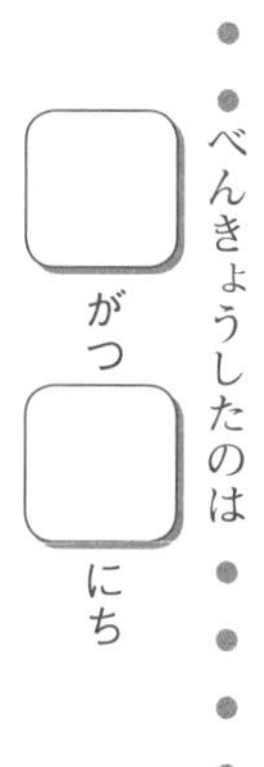

べんきょうしたのは　がつ　にち

おわったら いろぬりしよう

おうちの方へ

「め」の2画目、「あ」の3画目は、「の」のように書きましょう。「め」「あ」とも「ｘ」のところで止まってななめに上がり、ゆったりと大きく曲線を書きましょう。

【43ページのこたえ】①1・4・7・9　②2・4・6・8・10　③5　④8・10　⑤7・8・10

じゅんに かこう 2

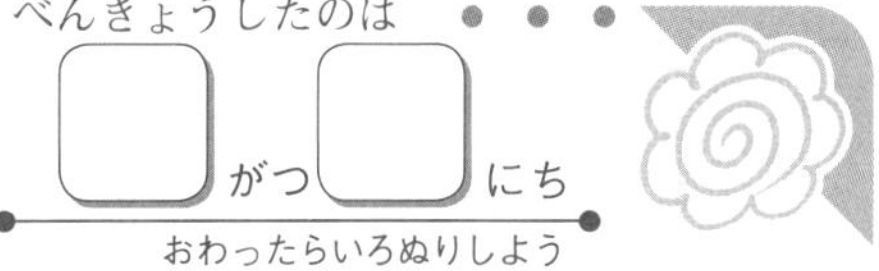

あいて いる □に かずを かきましょう。

①

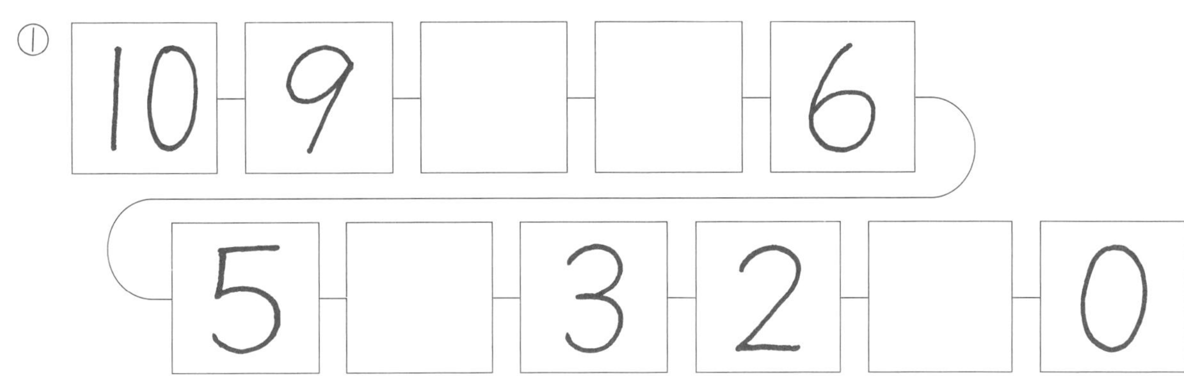

②

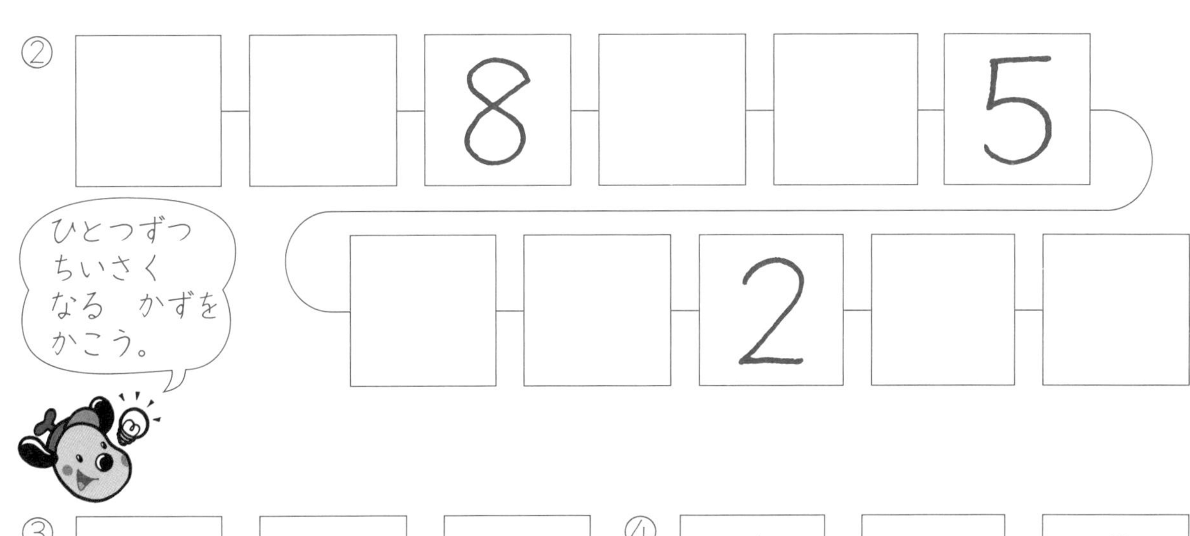

③ □ − 7 − □

④ 4 − □ − 2

⑤

● おうちの方へ ●

このページは、小さくなる順に数を考える学習です。大きくなる順はよく練習するのでわかりやすいですが、小さくなる順になるとむずかしいと感じる子がいます。それは練習が少ないせいです。

ひらがな 17

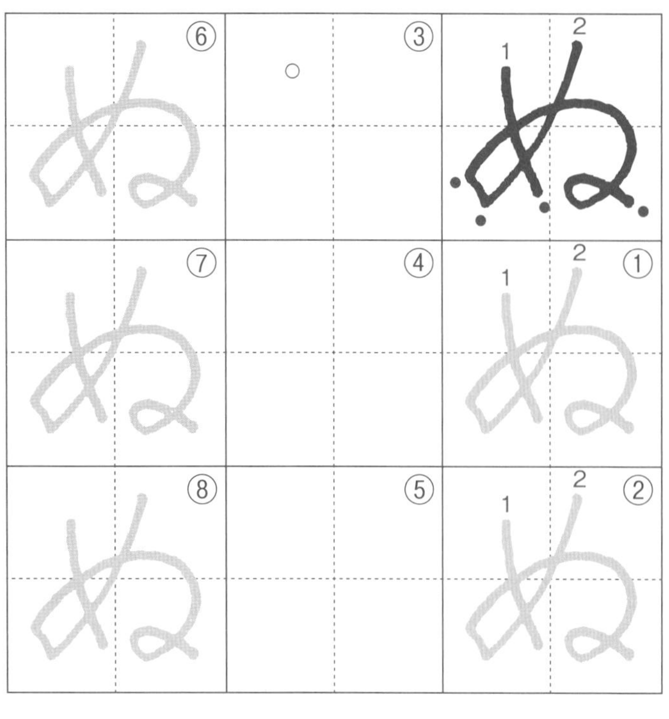

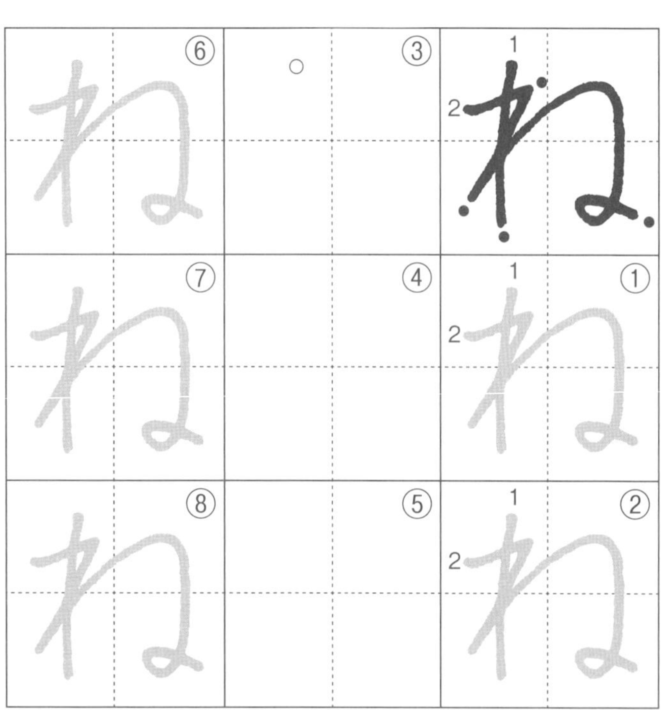

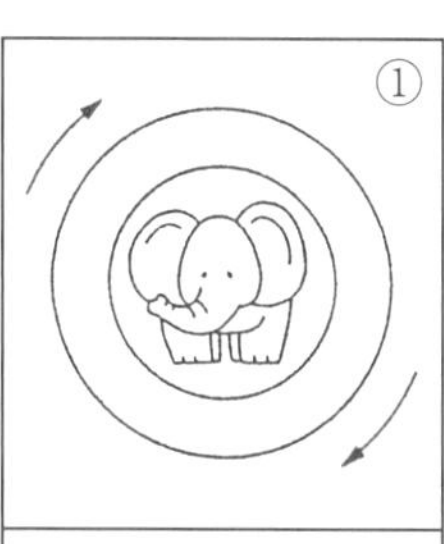

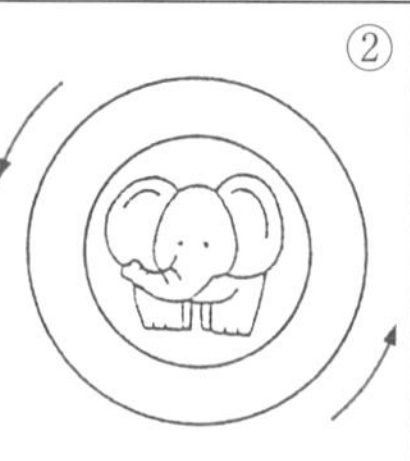

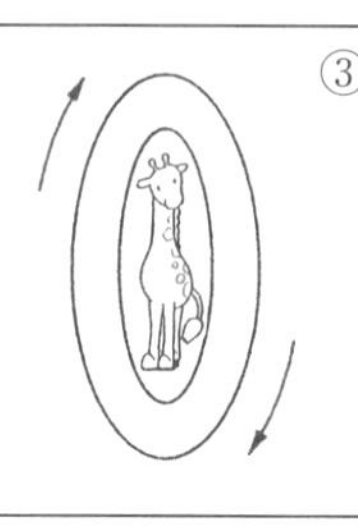

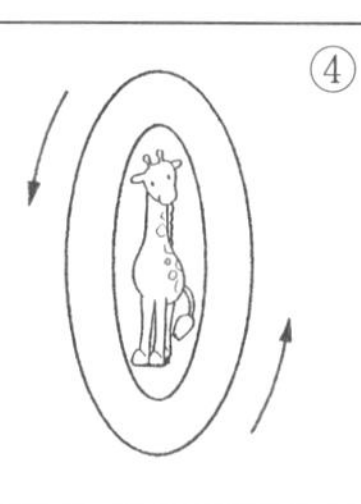

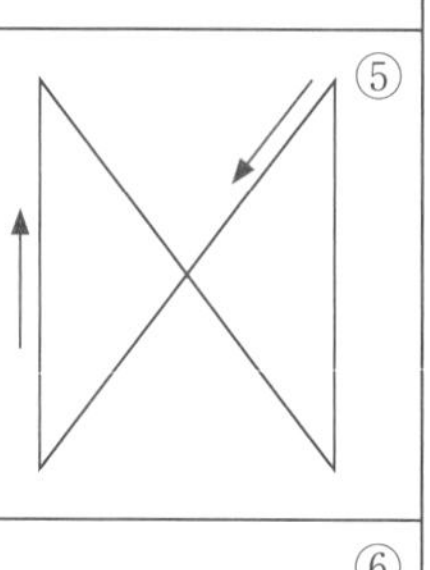

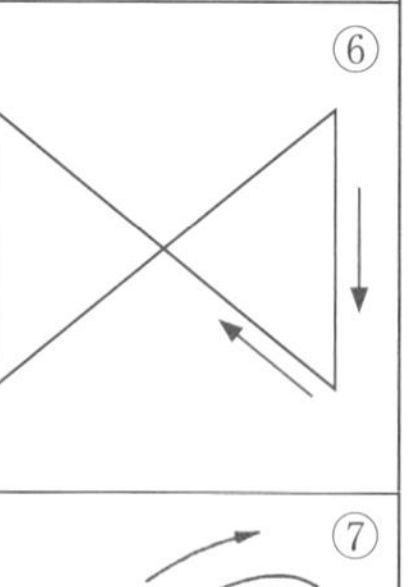

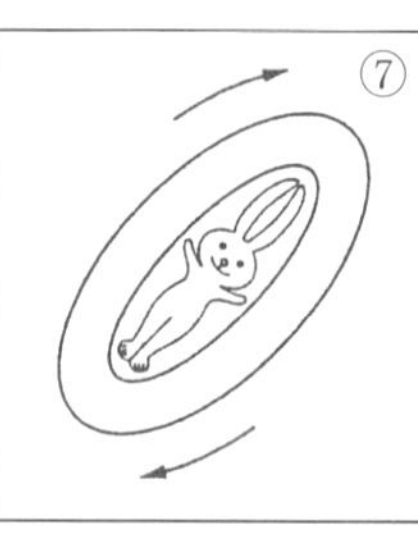

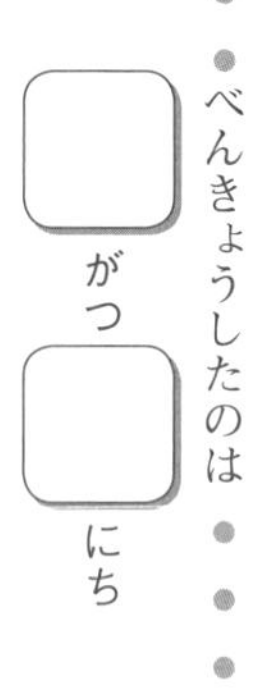

ね

ぬ

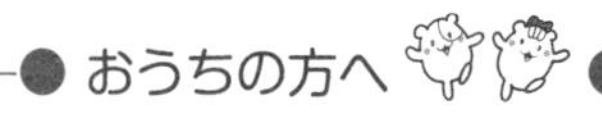

「ぬ」は、「め」と同じように「の」を意識して書きましょう。「ぬ」「ね」とも、結びは ∝（魚）の形を書きましょう。

【45ページのこたえ】①8・7・4・1　②10・9・7・6・4・3・1・0　③8・6
④3　⑤4・1・0

ナゾトキ☆クエスト

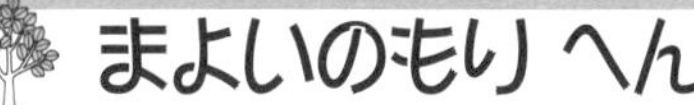

ステージ 3

たいへん！　ここは　しょくちゅうしょくぶつの　もりだわ！

ただしい　もじを　たどって　もりを　ぬけましょう。
まちがった　みちを　とおると　たべられて　しまいますよ。

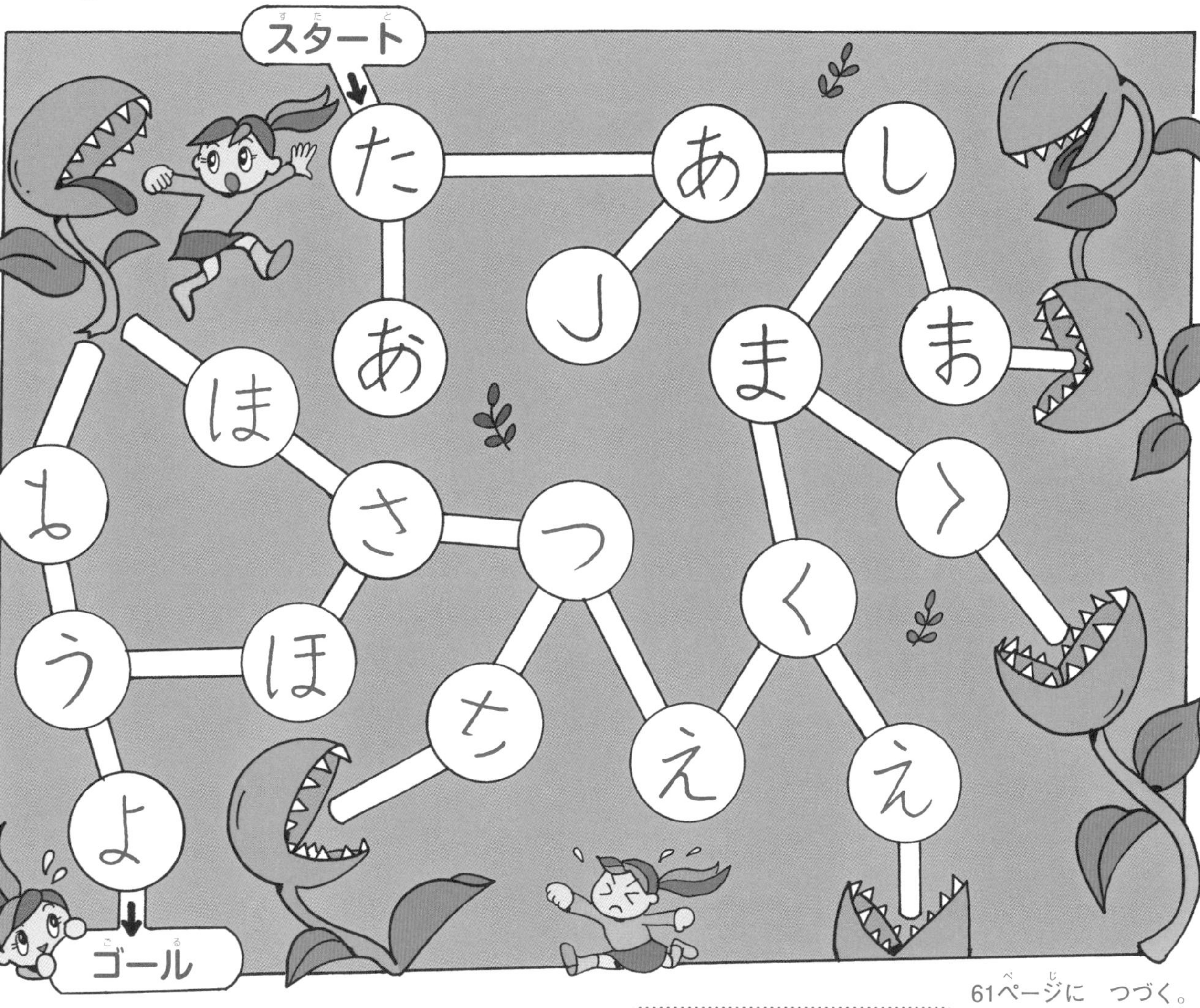

スタート

た　あ　し　あ　J　ま　お　は　も　さ　つ　く　＞　う　ほ　ち　え　え　よ

ゴール

61ページに　つづく。

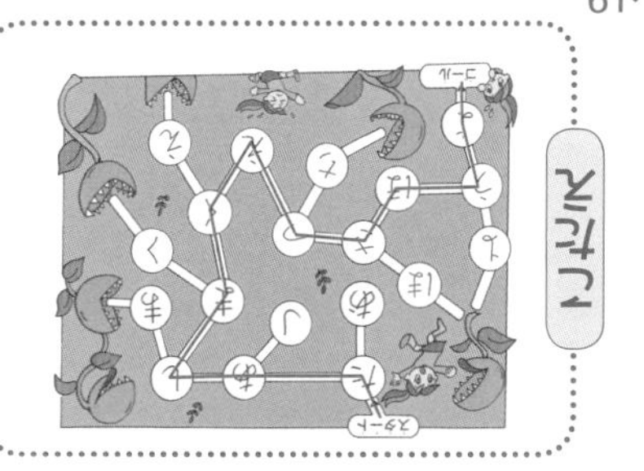

●てんせんを　なぞりましょう。すきな　いろを　ぬりましょう。

いくつと いくつ 1

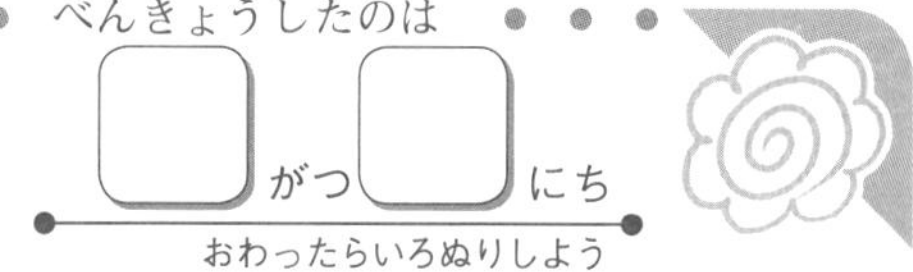

1. 4つ　あります。いくつと　いくつに　なるでしょう。

（れい）

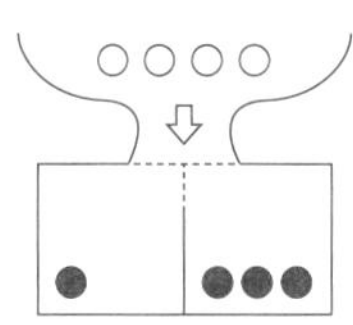

①

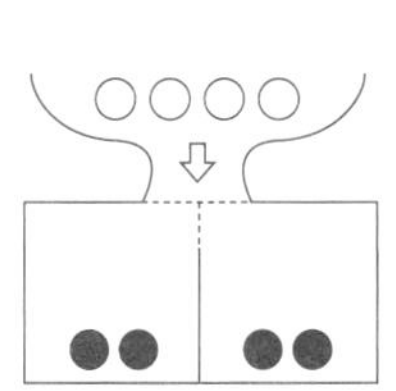

4	
2	

②

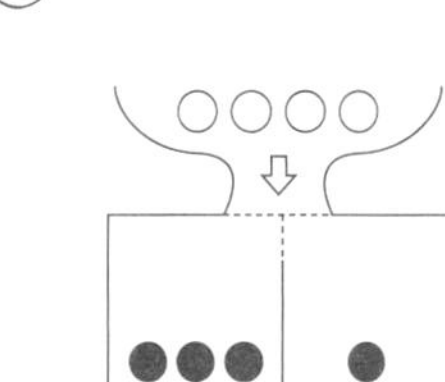

4	
3	

2. 5つ　あります。いくつと　いくつに　なるでしょう。

①

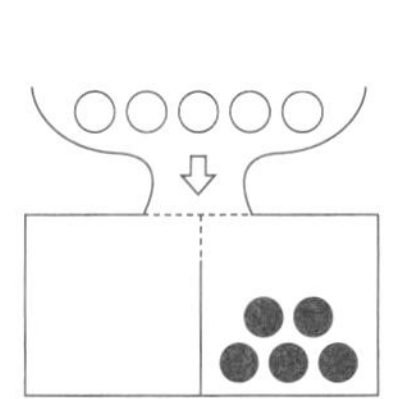

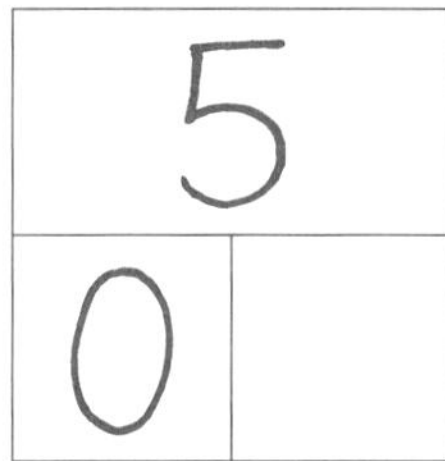

②

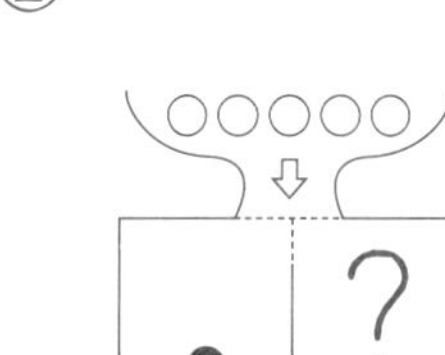

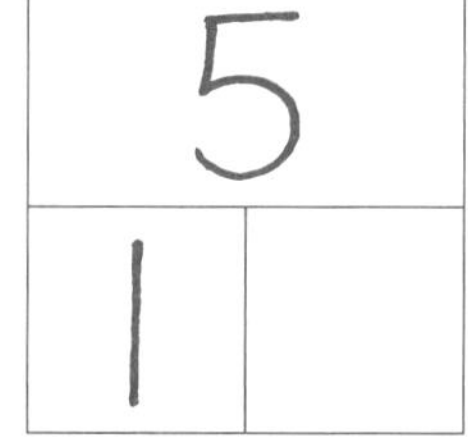

③

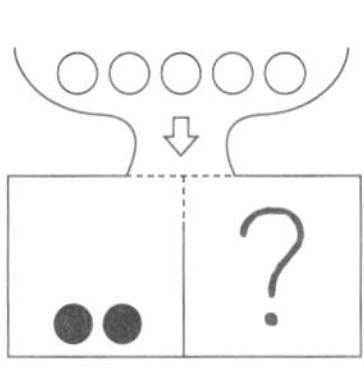

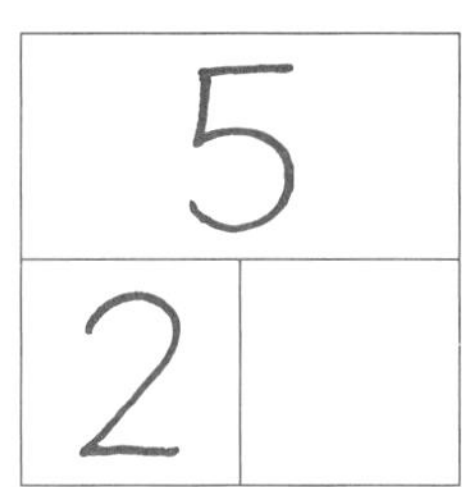

④

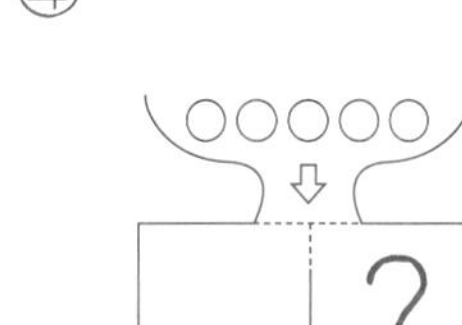

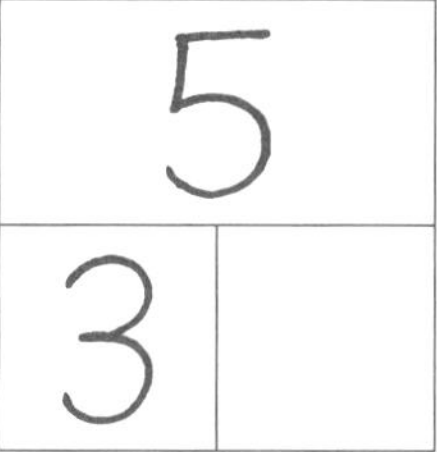

⑤

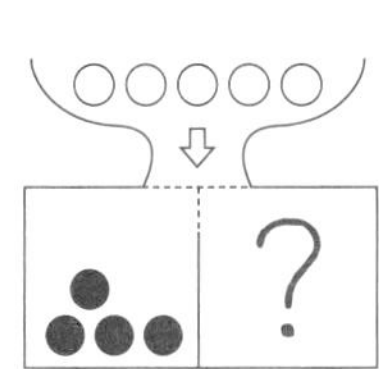

⑥

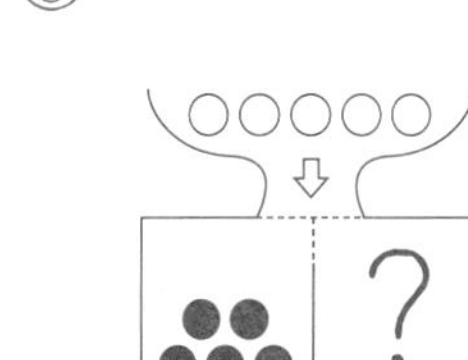

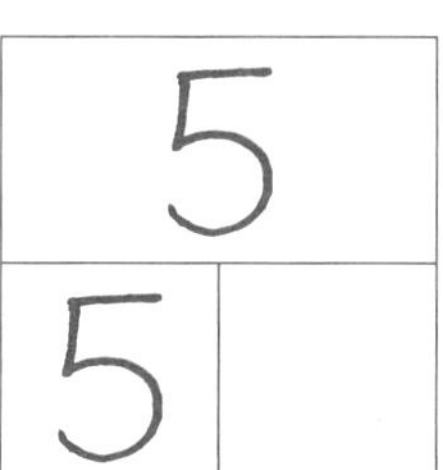

おうちの方へ

数をいくつといくつに分けることができるかを考える学習です。実際にカードやおはじきを用意して、「4は1と3」のようにするとイメージとして頭に残ります。

ひらがな 18

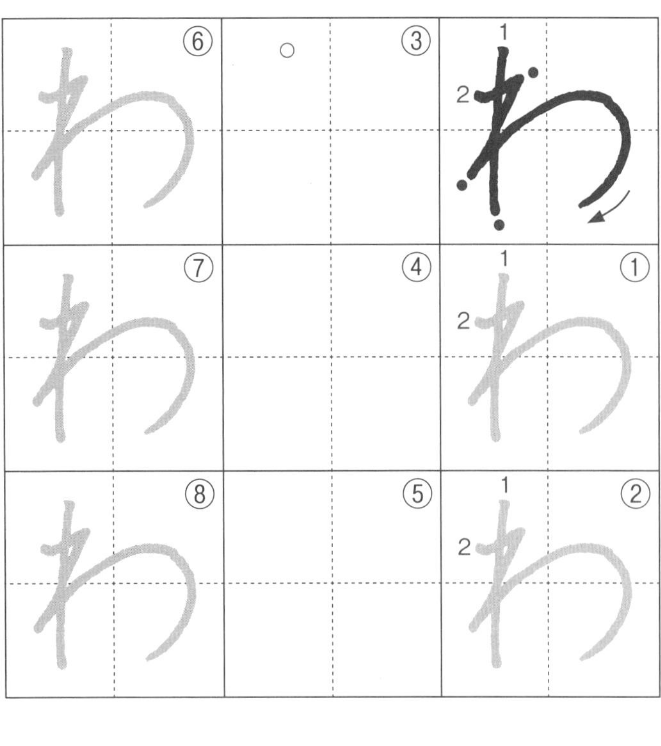

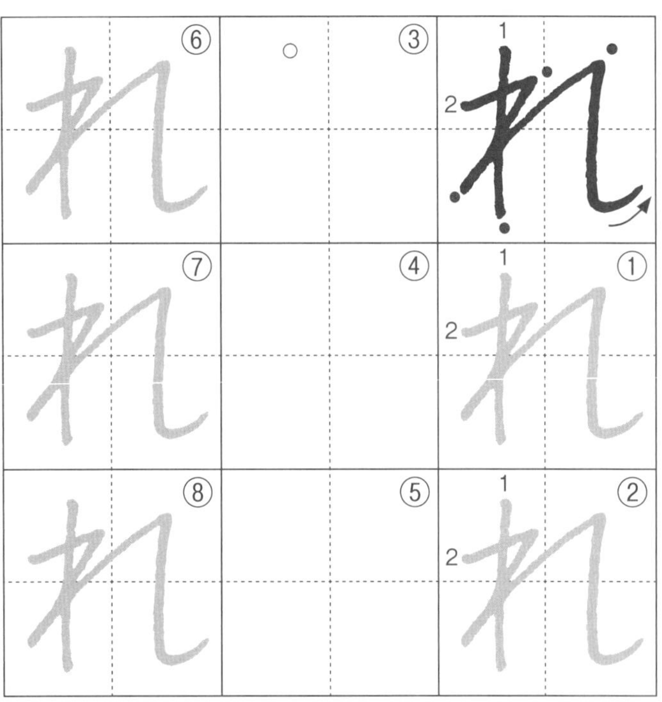

れ

わ

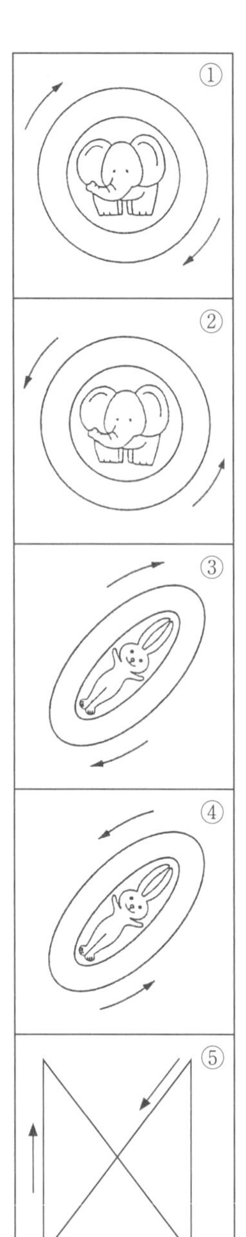

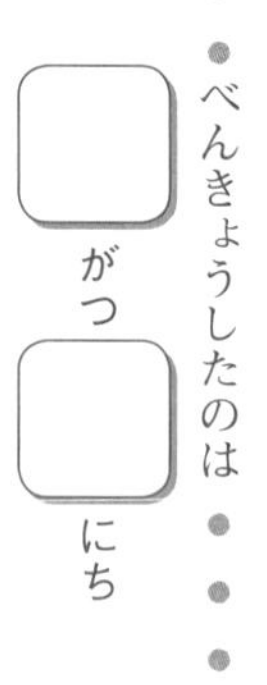

べんきょうしたのは　がつ　にち

おわったら いろぬりしよう

おうちの方へ

「わ」の２画目の曲線の部分は、「つ」を意識して書きましょう。「れ」の２画目の終わりは、「し」になるように書きましょう。

【49ページのこたえ】1. ①2 ②1 2. ①5 ②4 ③3 ④2 ⑤1 ⑥0

いくつと いくつ 2

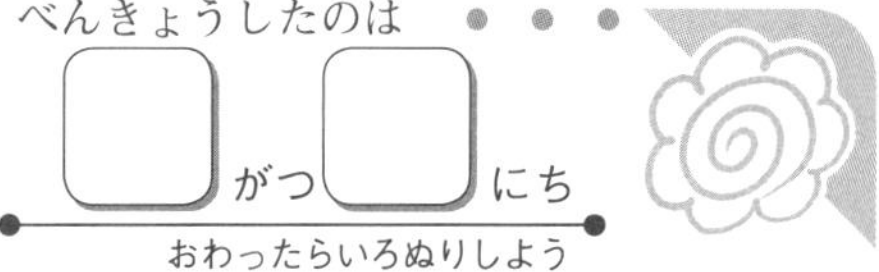

1． 3つ あります。いくつと いくつに なるでしょう。

①

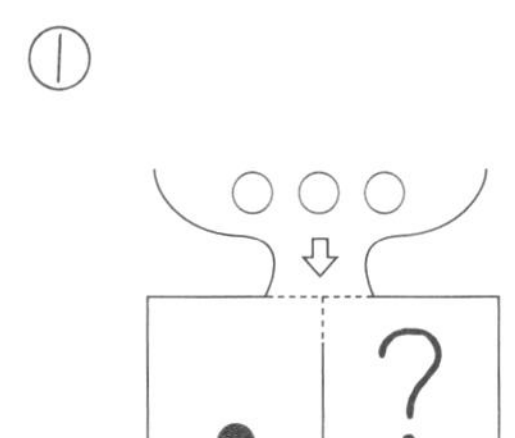

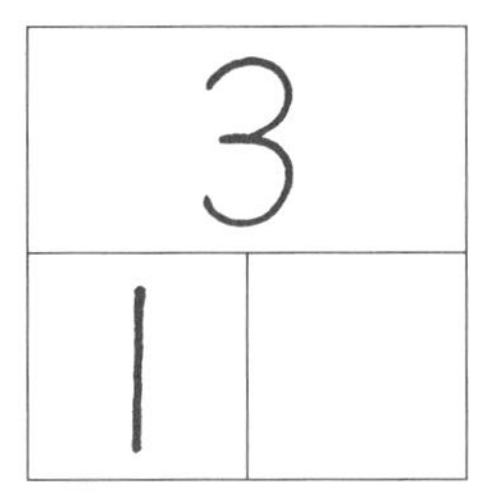

②

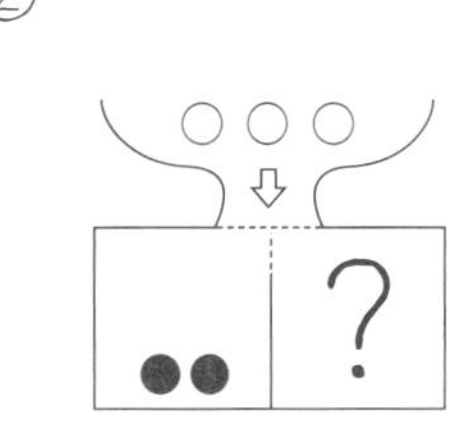

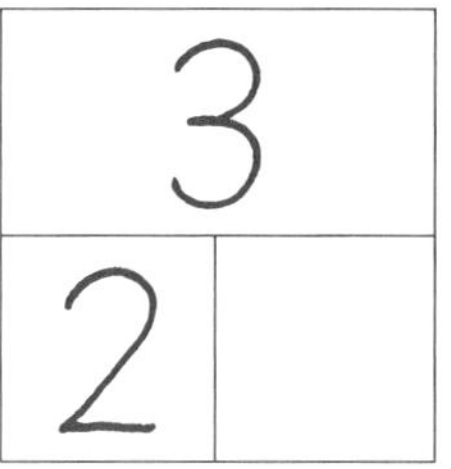

2． 2つ あります。いくつと いくつに なるでしょう。

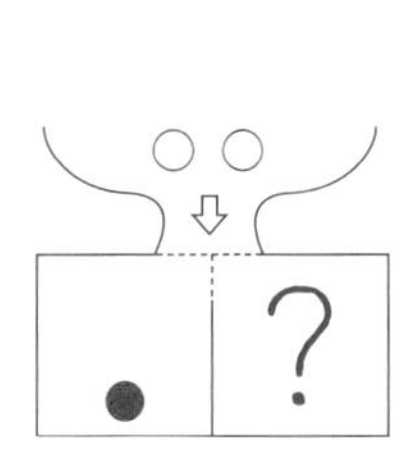

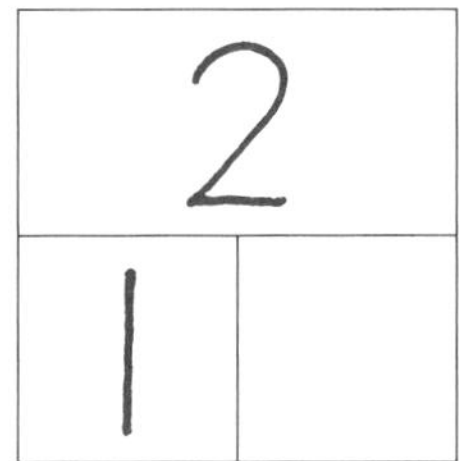

3． 6つ あります。いくつと いくつに なるでしょう。

①

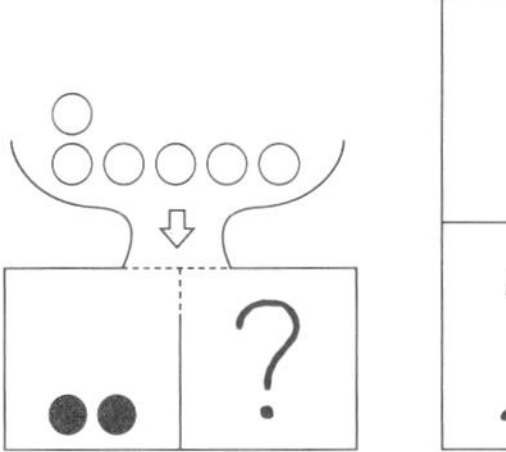

②

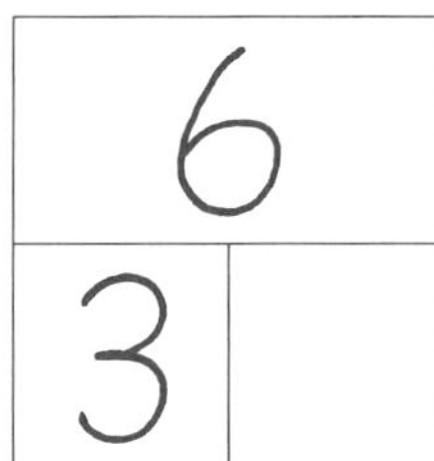

③

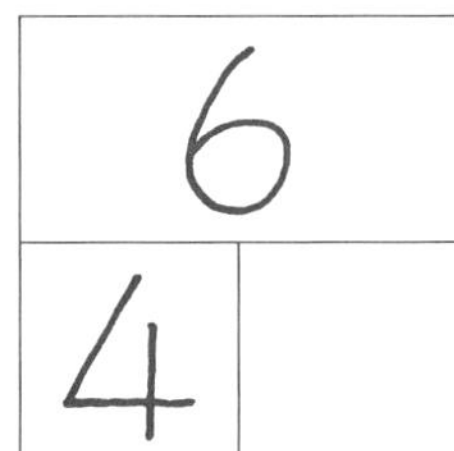

④

⑤

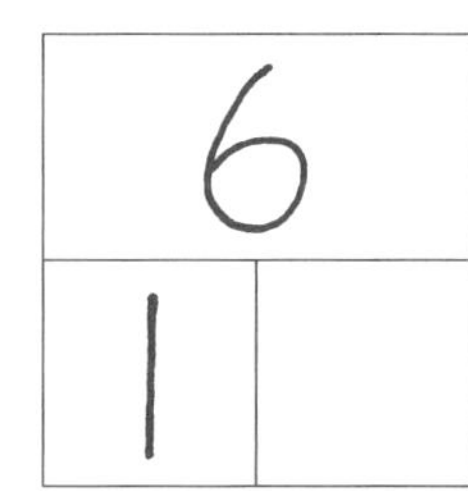

おうちの方へ

教科書には2や3を分ける学習は載っていませんが、4や5を分けることができたのだから、2や3もできるというわけではありません。**3．**の6を分ける問題では、②～⑤は図を省いて数だけにしました。

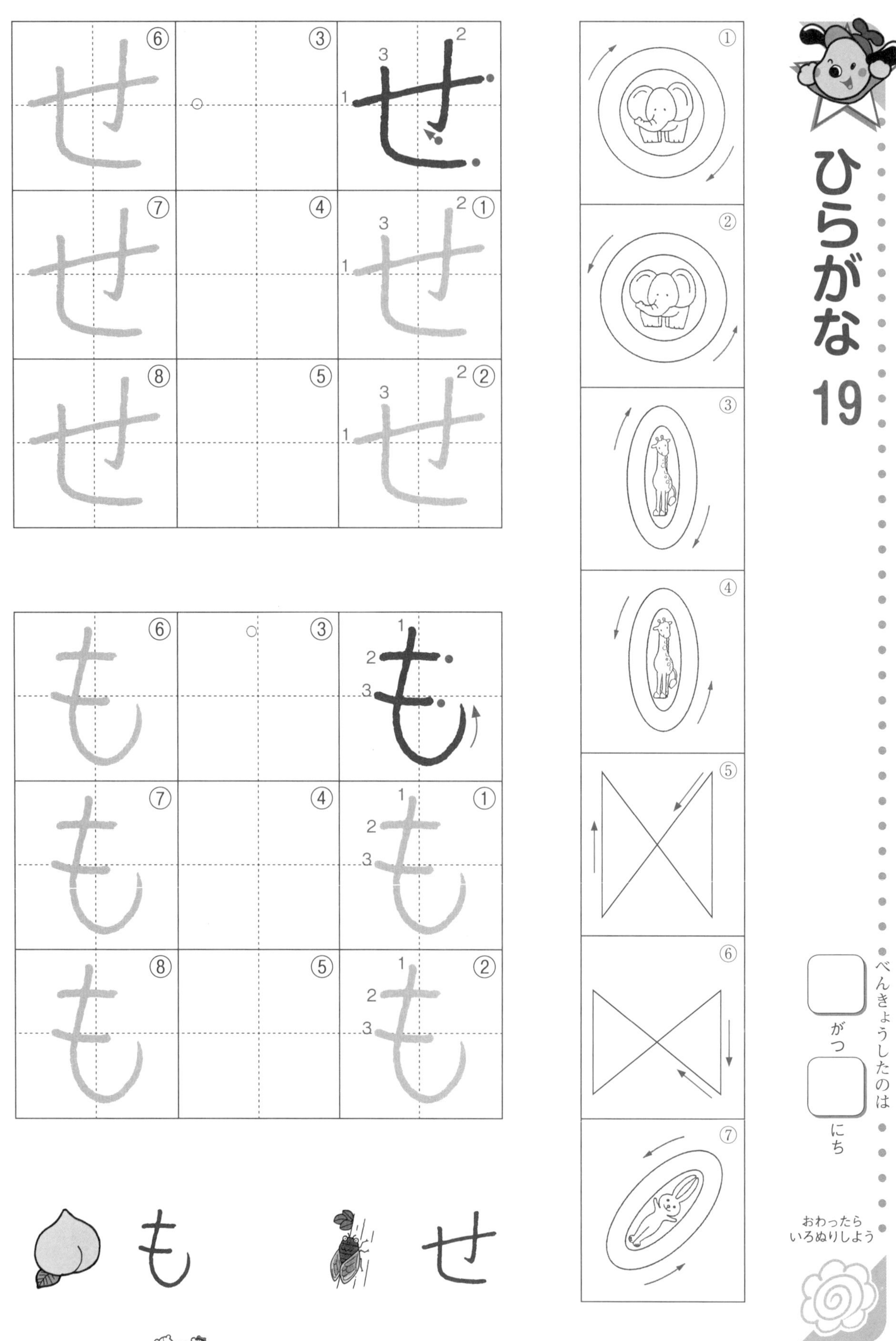

● おうちの方へ ●

「せ」の１画目は右上がり、３画目は２画目より下に書きましょう。「も」の筆順に注意しましょう。

【51ページのこたえ】1. ①2 ②1 2. 1 3. ①4 ②3 ③2 ④1 ⑤5

いくつと いくつ 3

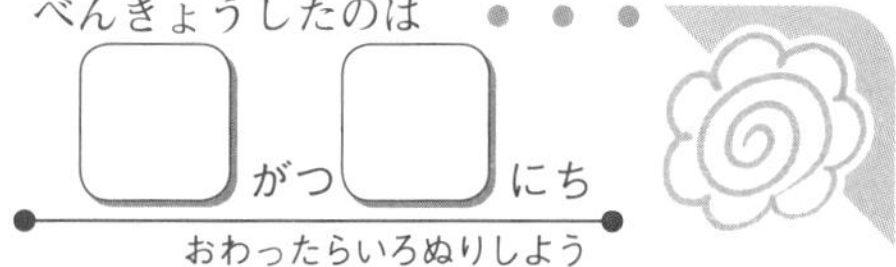

1. 7つ　あります。いくつと　いくつに　なるでしょう。

①
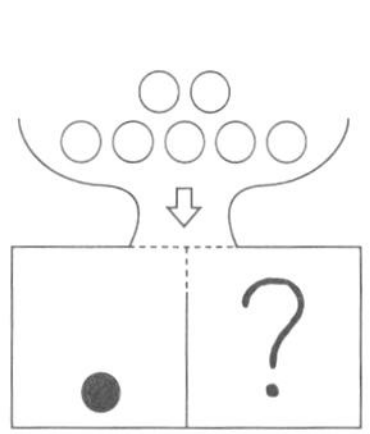

7	
1	

②
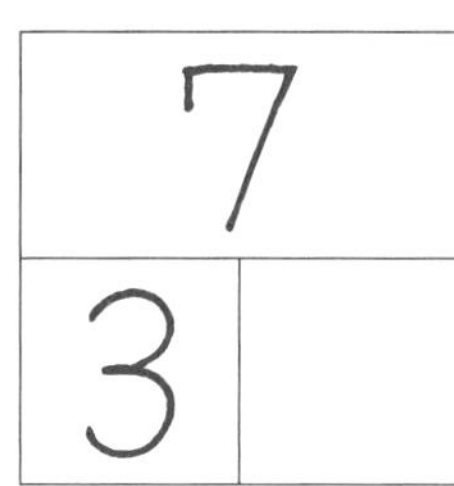

③

④

7	
2	

⑤

⑥

7	
6	

2. 8つ　あります。いくつと　いくつに　なるでしょう。

①
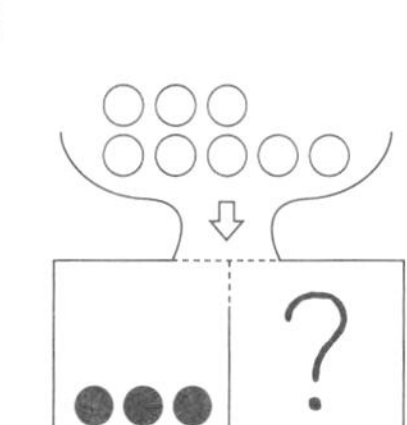

8	
3	

②
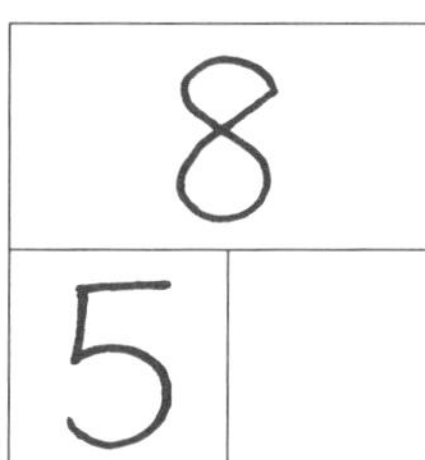

③

8	
2	

④
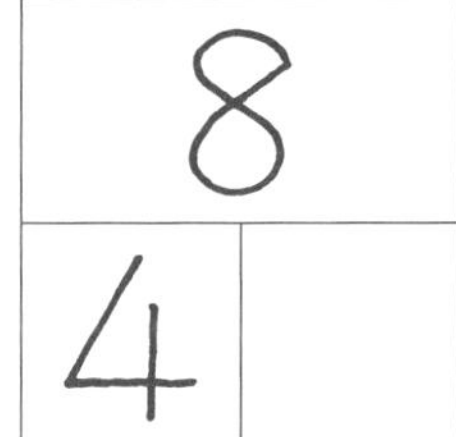

⑤
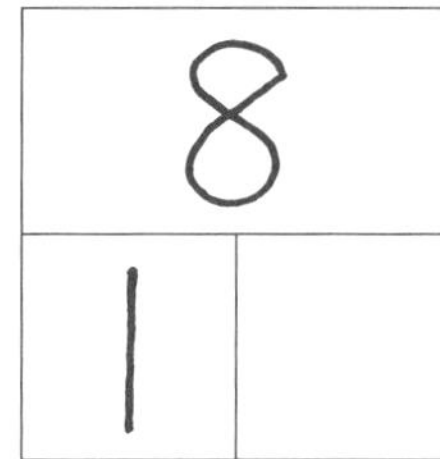

⑥
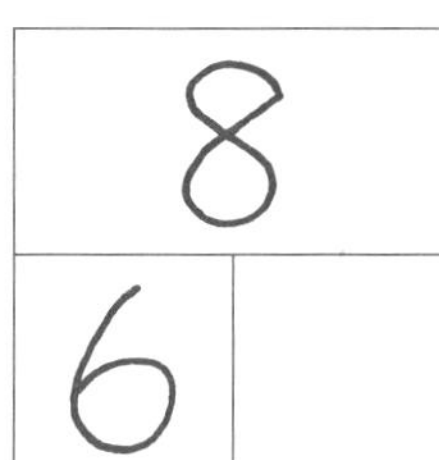

⑦

● おうちの方へ  ●

数が7や8など大きくなると分け方も多くなり、むずかしくなります。おはじきなど身近にある物を使って、確かめながらやると頭に残ります。

ひらがな 20

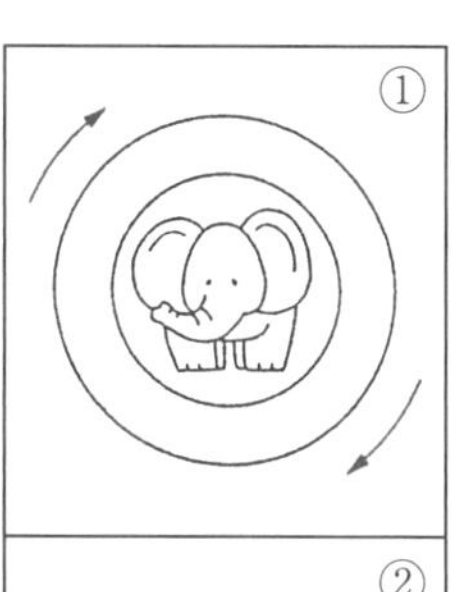

べんきょうしたのは　□がつ　□にち

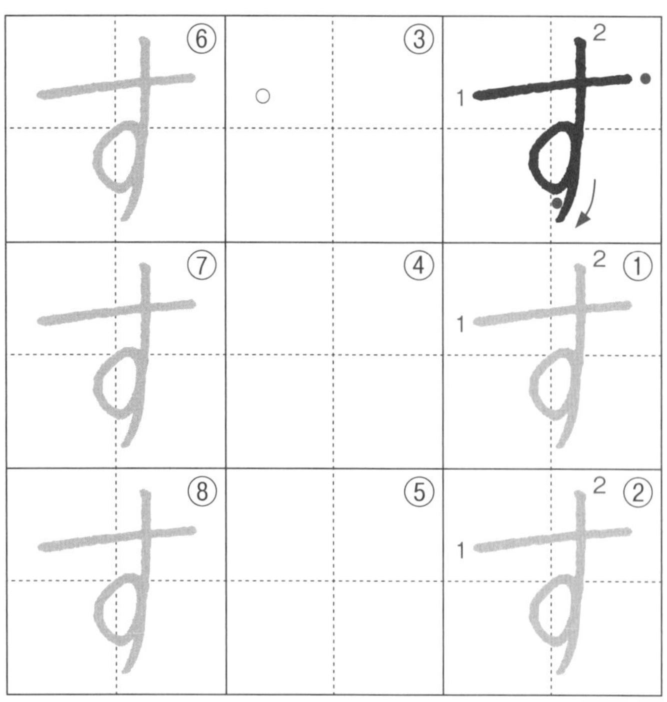

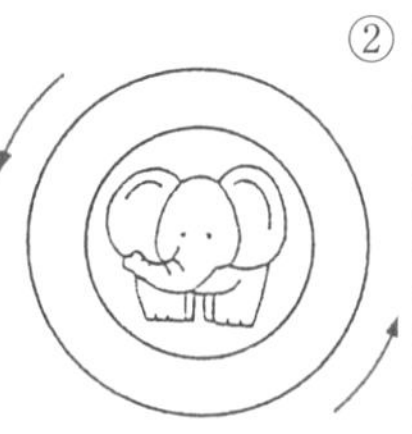

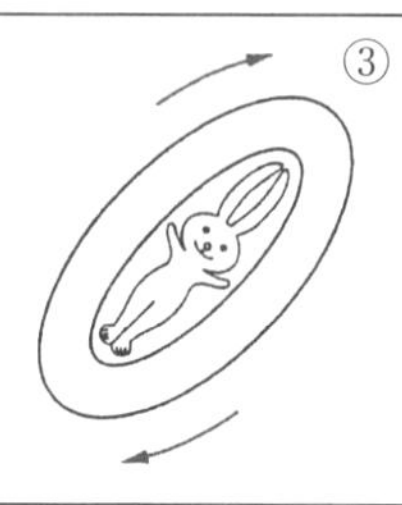

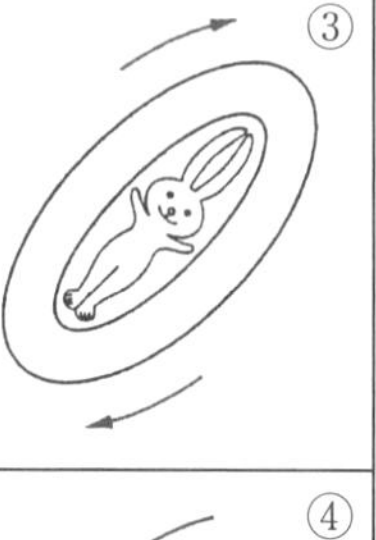

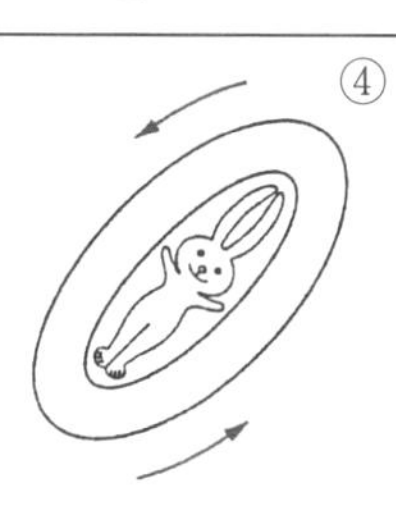

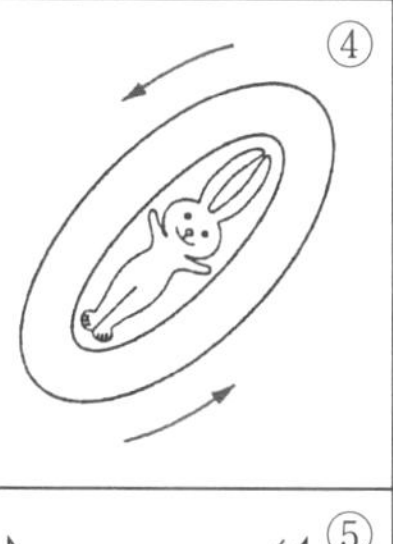

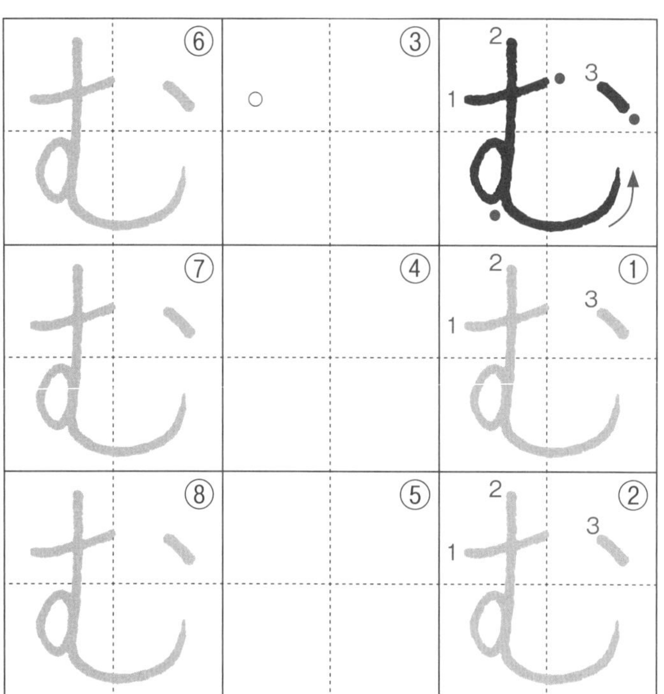

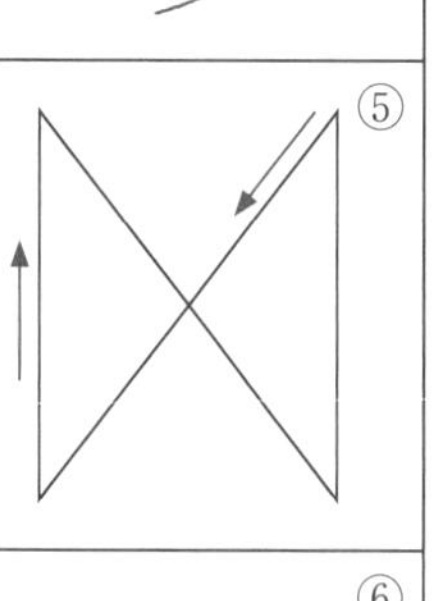

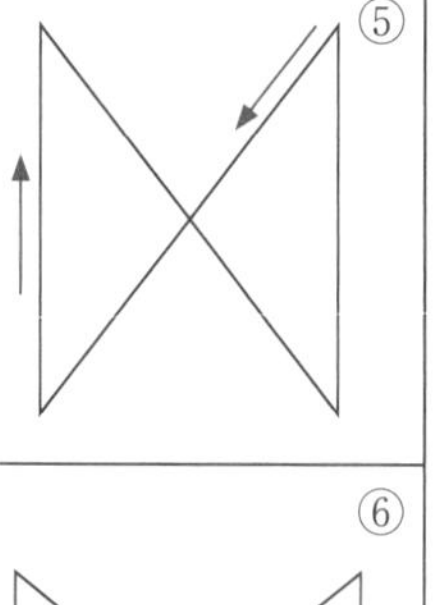

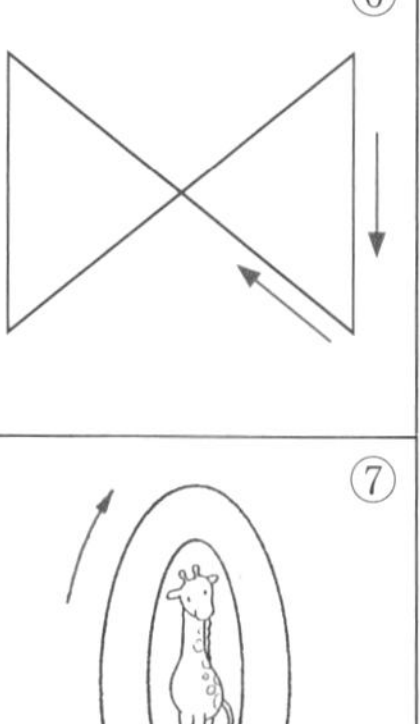

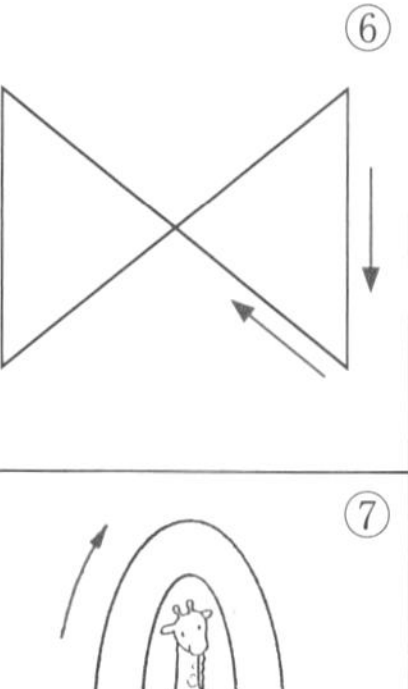

おわったら
いろぬりしよう

おうちの方へ

「す」の２画目は、１画目の右寄りに交わるように書きましょう。「す」「む」の結びが大きくならないように気をつけましょう。

【53ページのこたえ】１．①6　②4　③2　④5　⑤3　⑥1
２．①5　②3　③6　④4　⑤7　⑥2　⑦1

いくつと いくつ 4

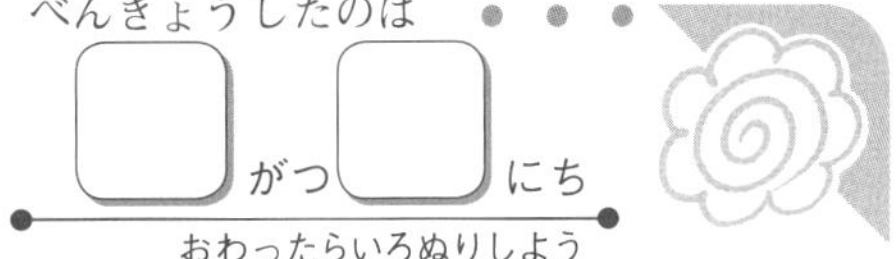

1．9つ　あります。いくつと　いくつに　なるでしょう。

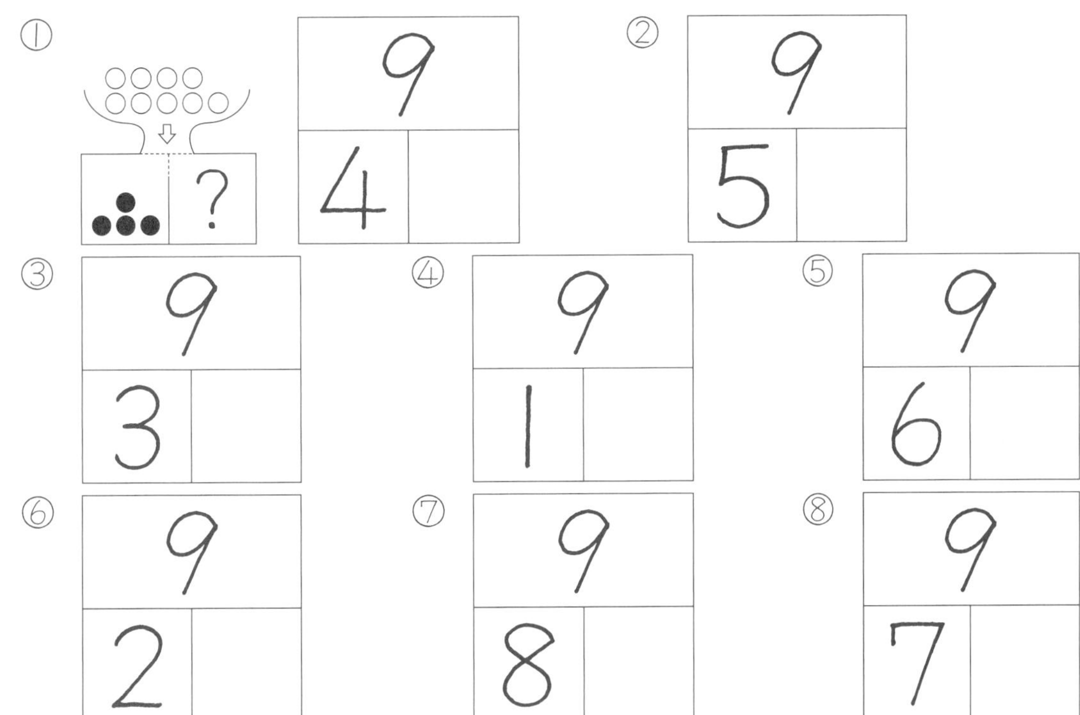

2．10　あります。いくつと　いくつに　なるでしょう。

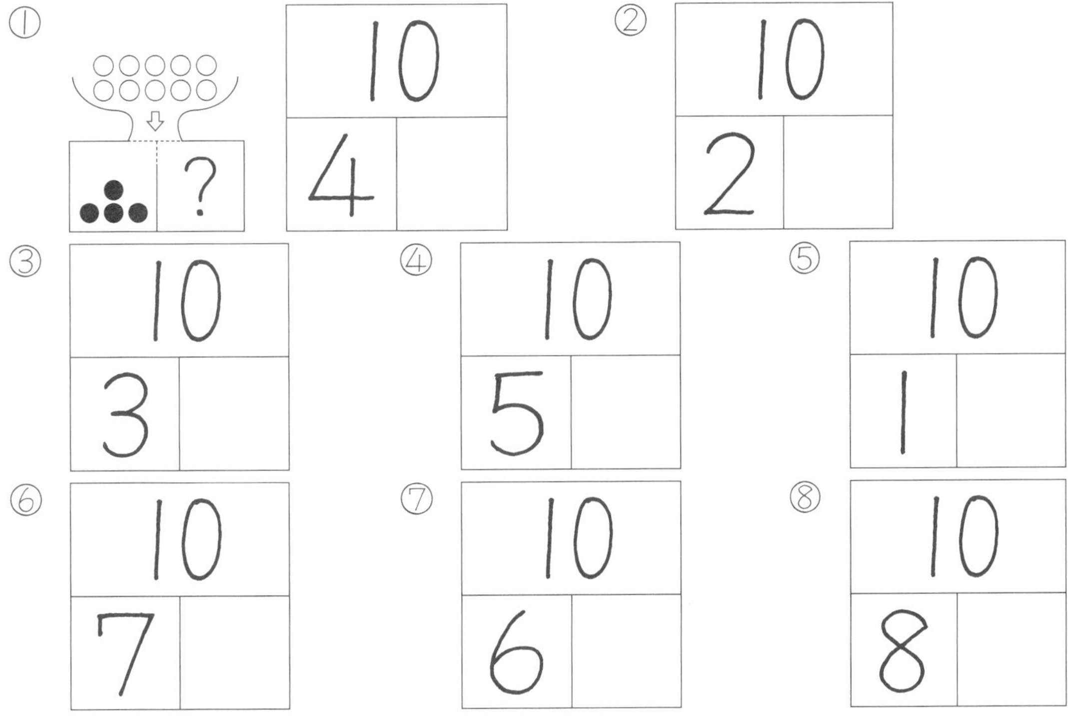

●おうちの方へ●

今までに学習した一番大きな数を分けます。速くやることより確実にできることが大切です。おはじきなどを使ってもいいですし、ほかの紙に○をかいて確かめながらやってもいいでしょう。

ひらがな 21

べんきょうしたのは　がつ　にち

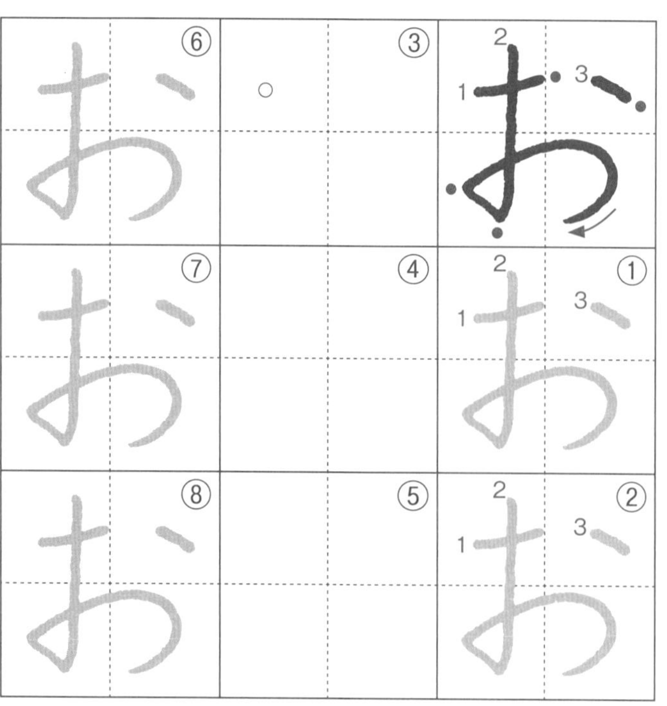

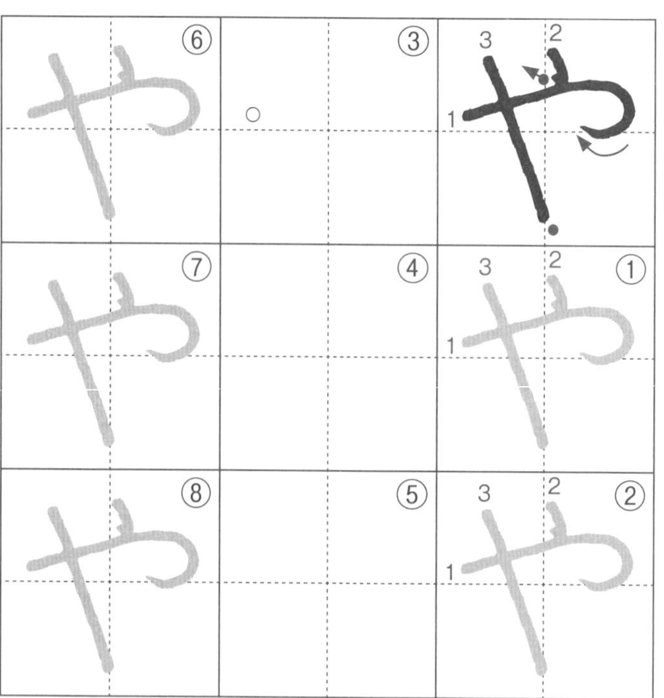

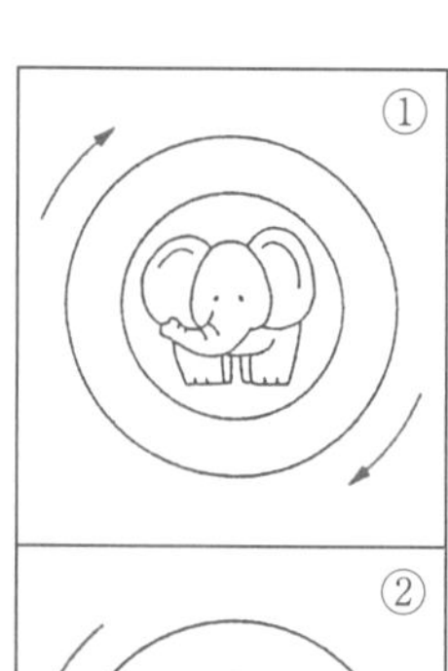

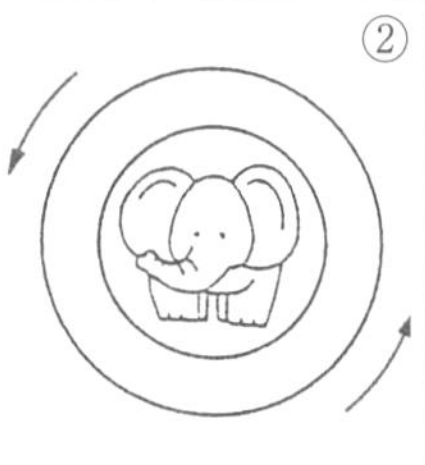

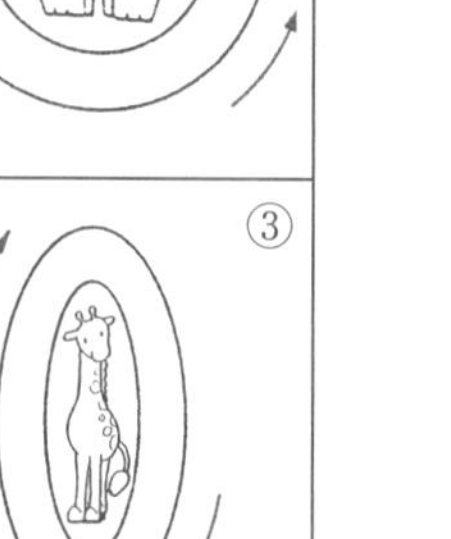

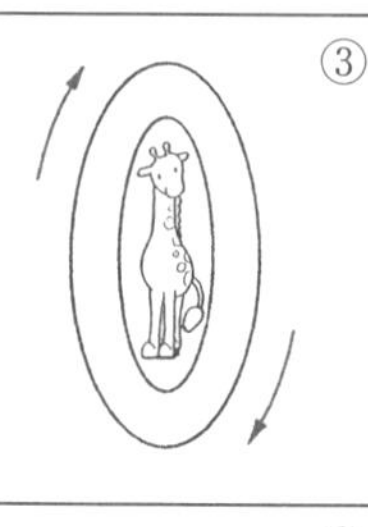

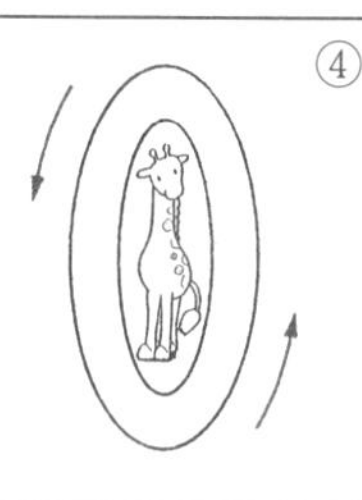

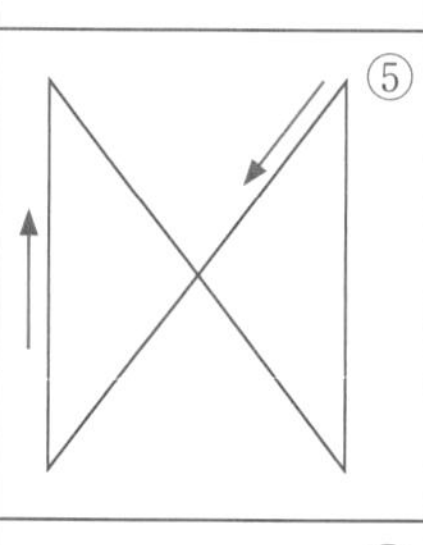

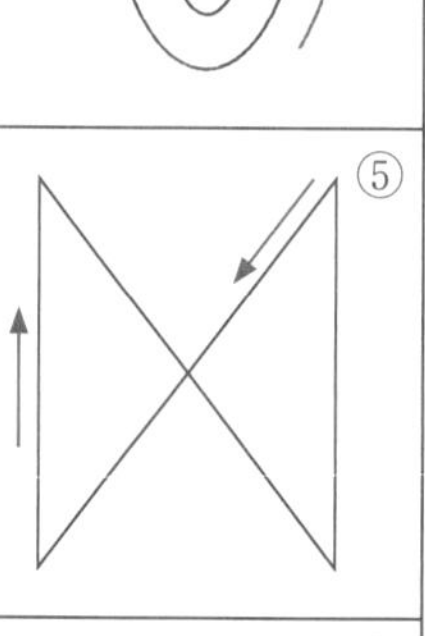

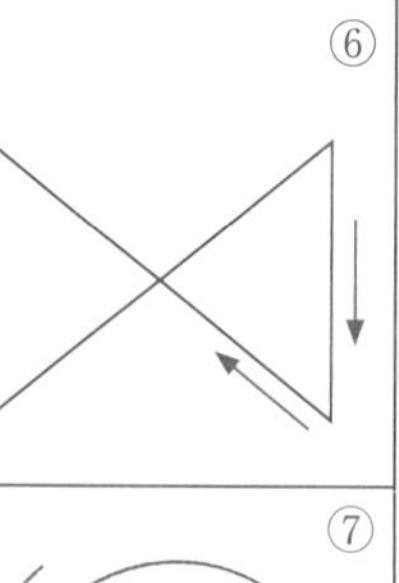

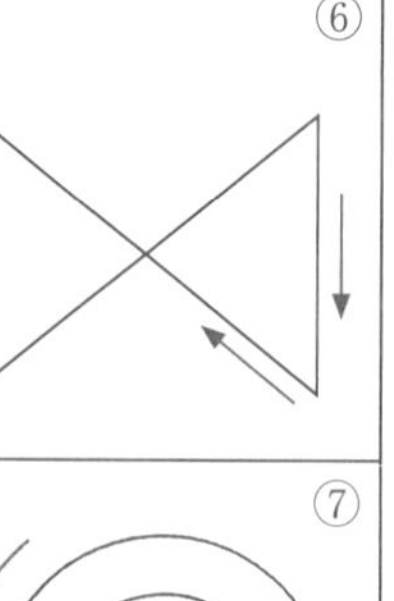

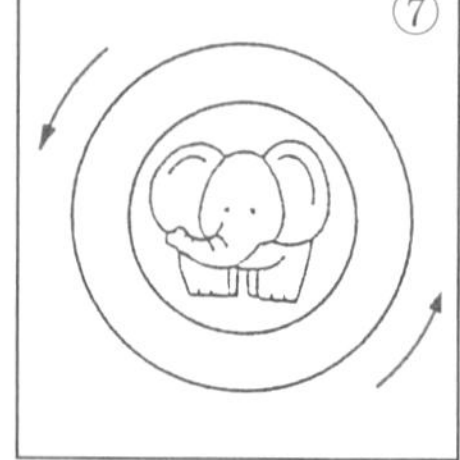

おわったら
いろぬりしよう

● おうちの方へ  ●

「お」は、2画目の最初の「・」のところで止まって、三角形をつくるようにななめに上がり曲線を書きます。「や」は筆順に注意しましょう。「や」の「 ` 」は2画目です。

【55ページのこたえ】1. ①5 ②4 ③6 ④8 ⑤3 ⑥7 ⑦1 ⑧2
2. ①6 ②8 ③7 ④5 ⑤9 ⑥3 ⑦4 ⑧2

10を つくろう 1

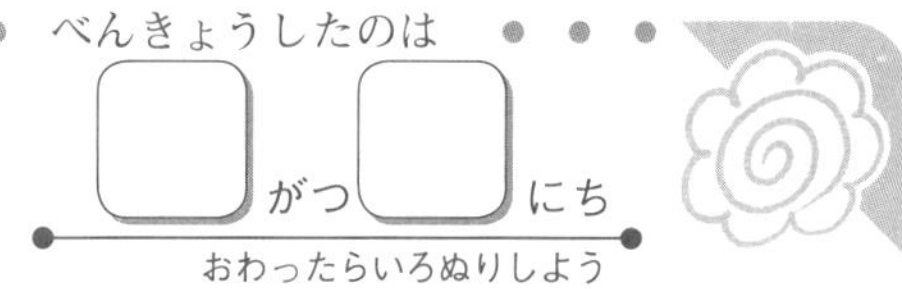

10は いくつと いくつでしょう。できたら なんども よみましょう。

① 10は 1 と □

② 10は 2 と □

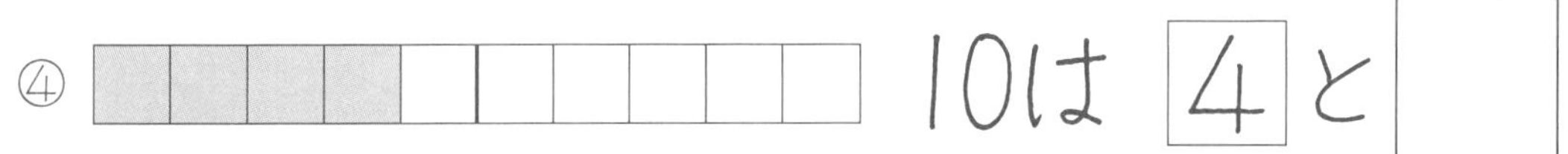
③ 10は 3 と □

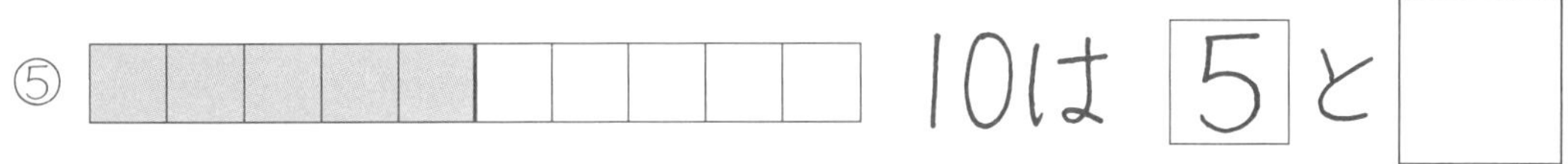
④ 10は 4 と □

⑤ 10は 5 と □

⑥ 10は 6 と □

⑦ 10は 7 と □

⑧ 10は 8 と □

⑨ 10は 9 と □

● おうちの方へ ●

10をつくる組み合わせは、くり上がりがあるたし算をするときとても重要です。まず、□に正しい数を入れさせましょう。そして、正しくできたことを確かめたら、「10は１と９」などと読ませましょう。

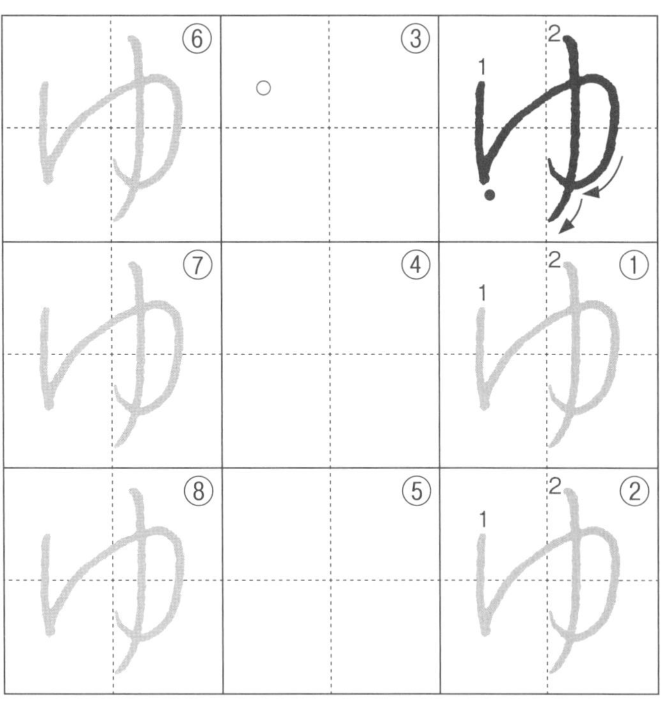

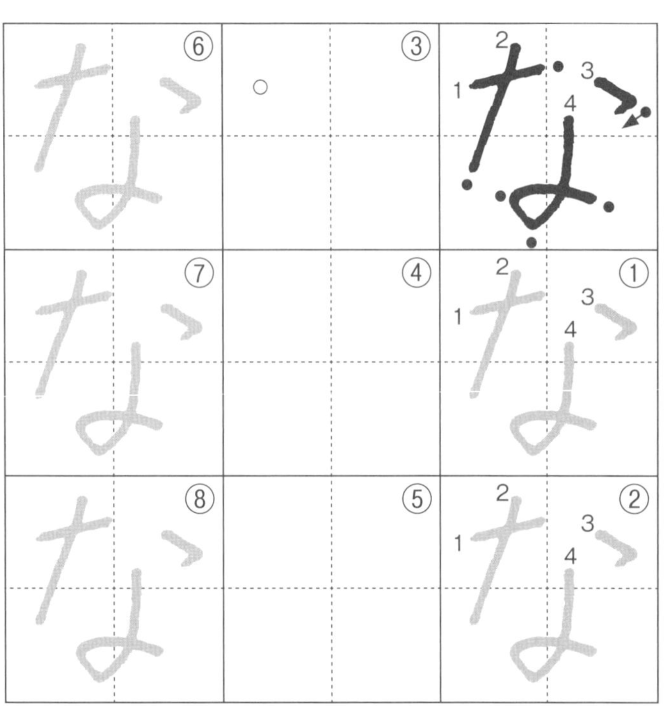

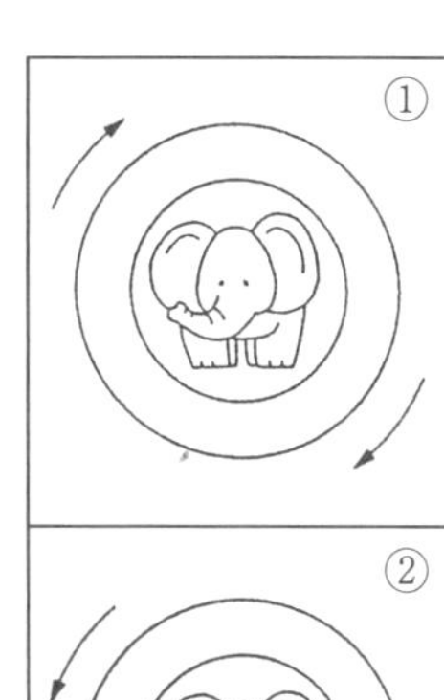

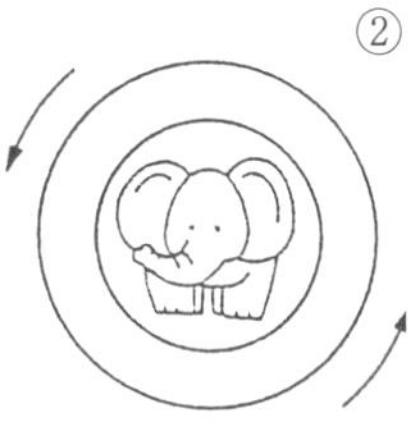

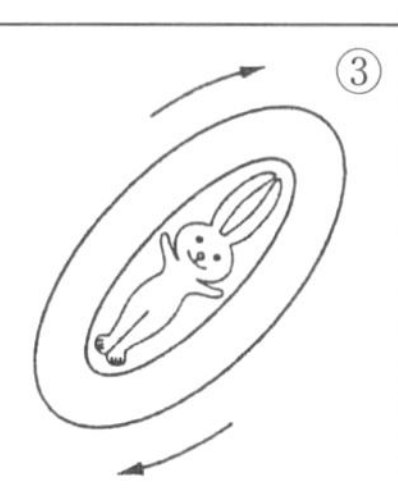

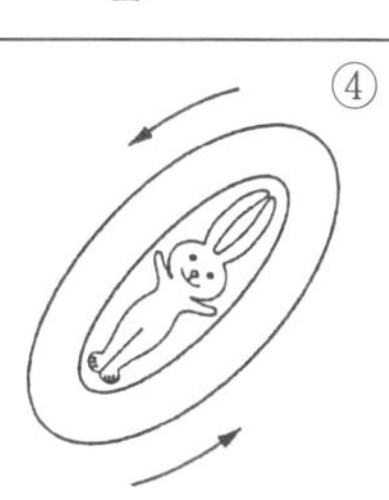

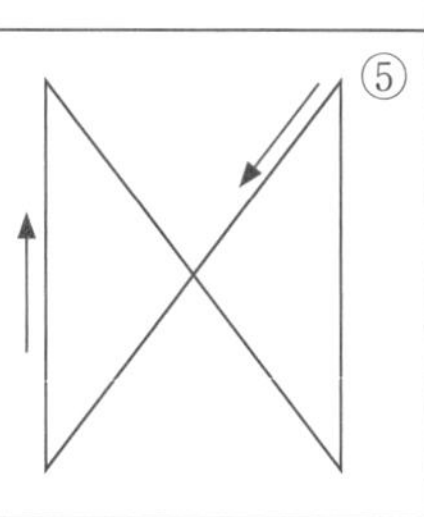

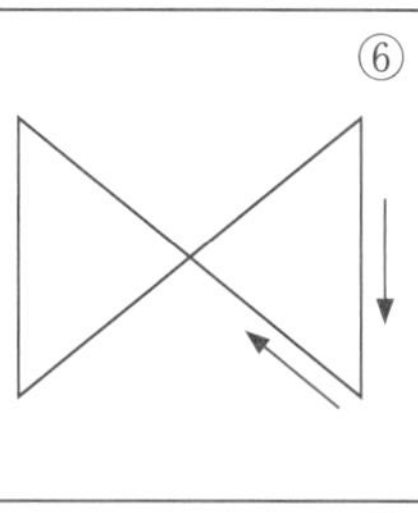

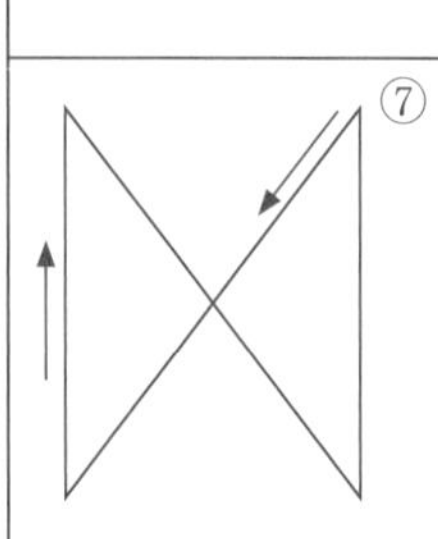

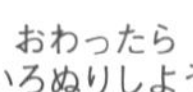

「ゆ」は右上がりの長い円をかくように書きましょう。２画目は少し曲げてはらいます。「な」の４画目の結びは「•」で止めて、三角形になるようにします。

【57ページのこたえ】①9 ②8 ③7 ④6 ⑤5 ⑥4 ⑦3 ⑧2 ⑨1

10を つくろう 2

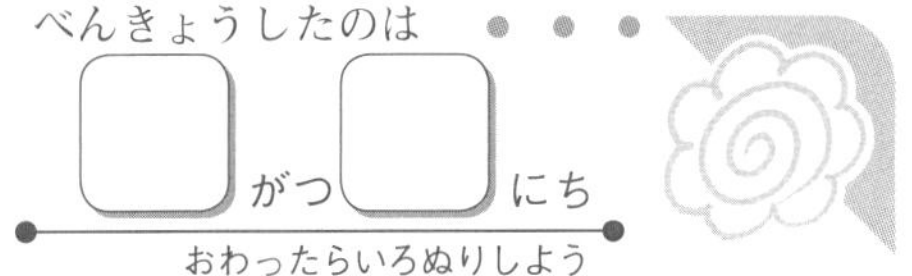

10に なる カード(かど)を せんで つなぎましょう。

(1) 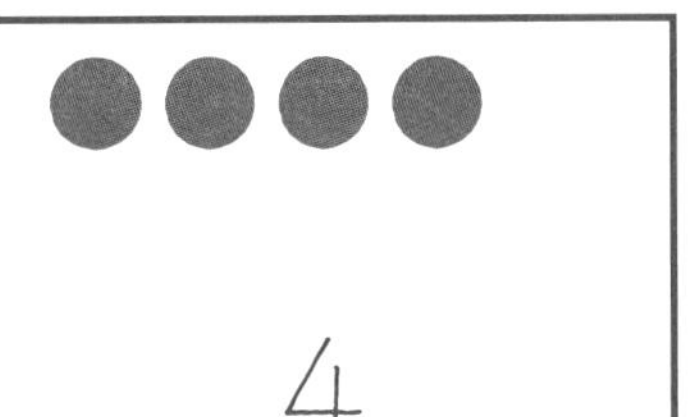
4

① 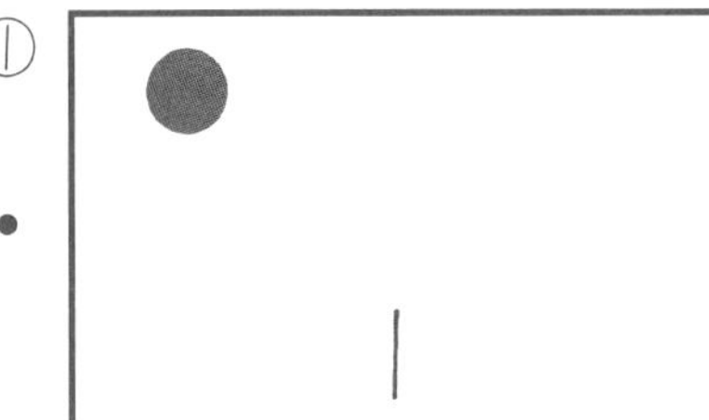
1

(2) 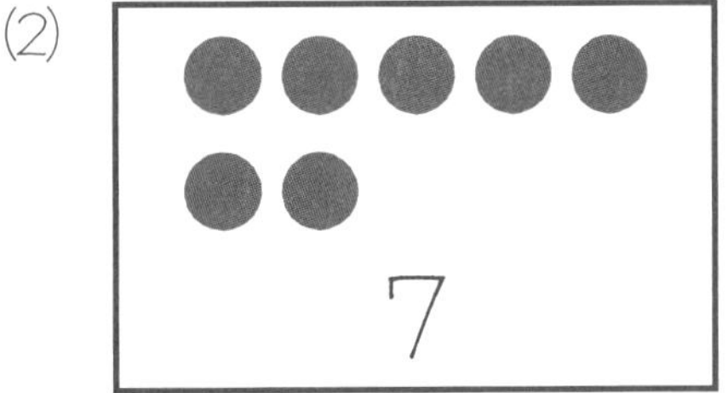
7

② 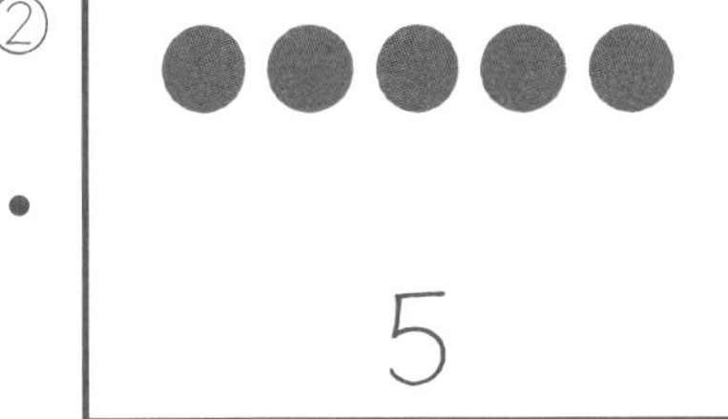
5

(3) 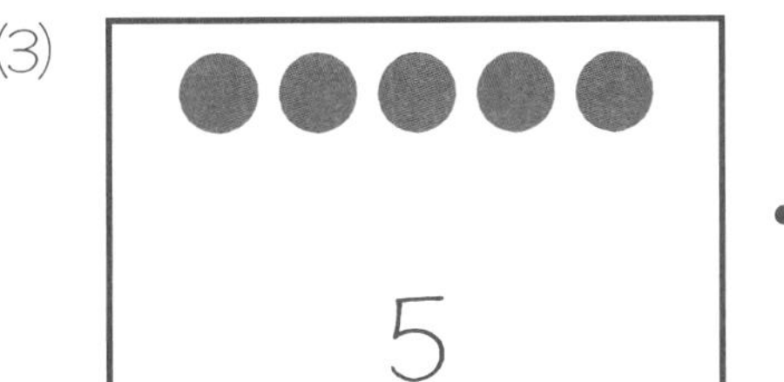
5

③ 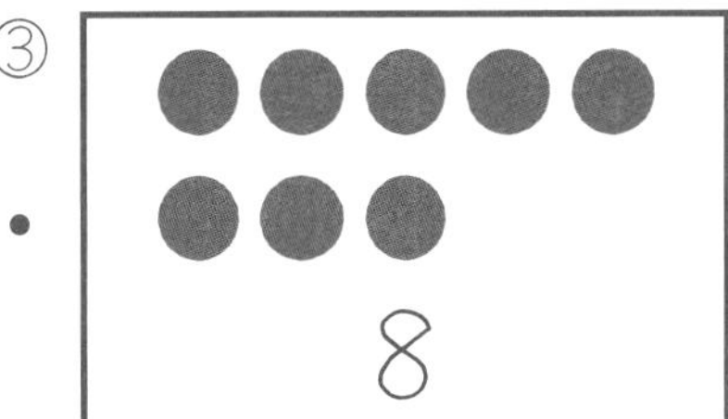
8

(4) 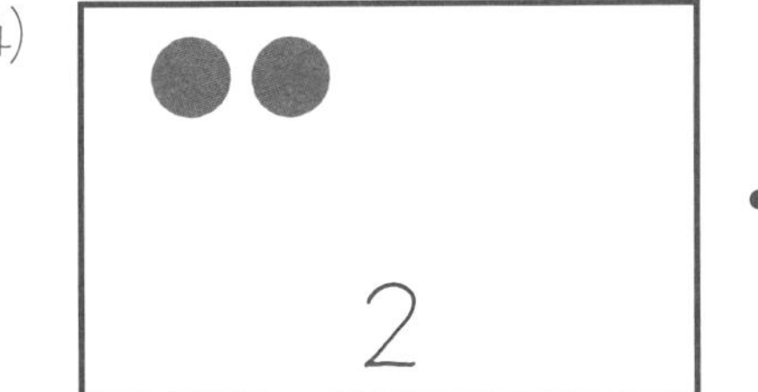
2

④ 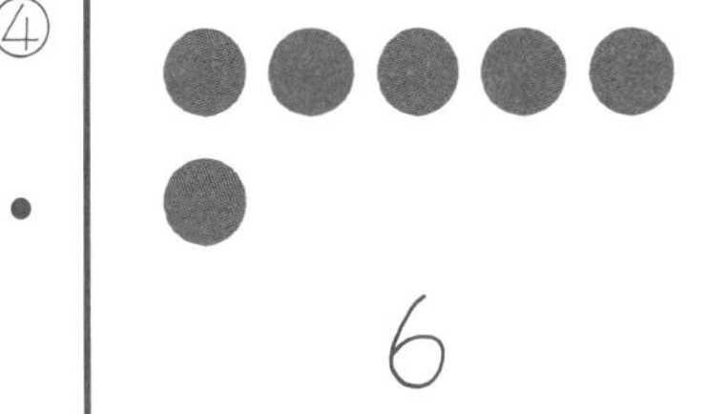
6

(5) 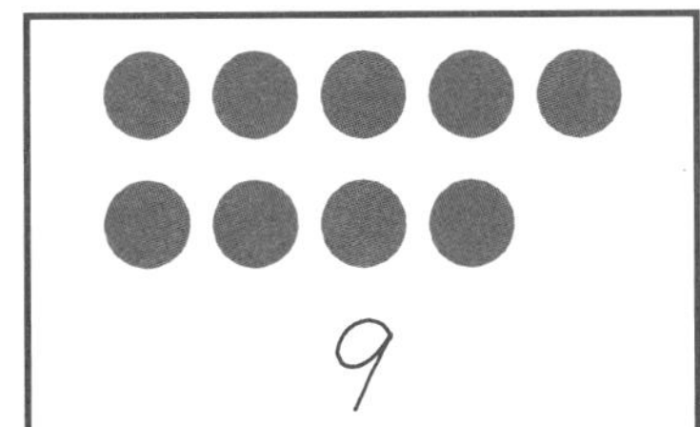
9

⑤ 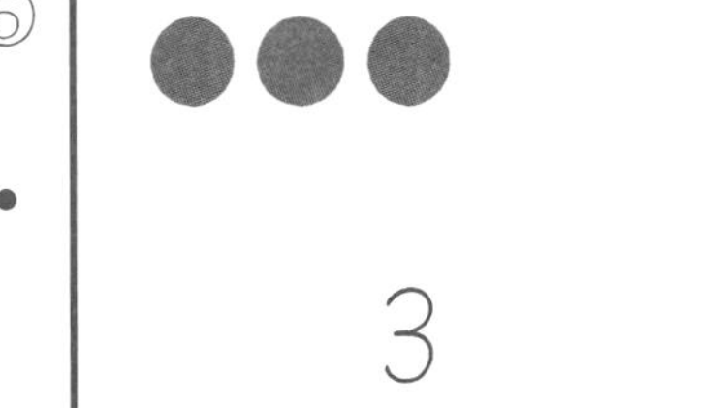
3

● おうちの方へ  ●

10をつくることは、10を分けることでもあります。このページの問題は、57ページでやったことをきちんと覚えているかどうかを確かめることになります。

ひらがな 23

べんきょうしたのは　がつ　にち

おわったら
いろぬりしよう

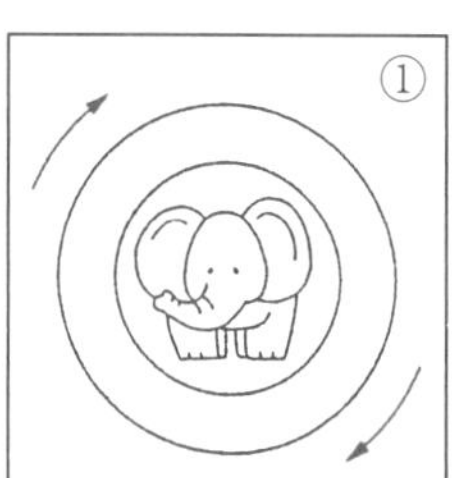

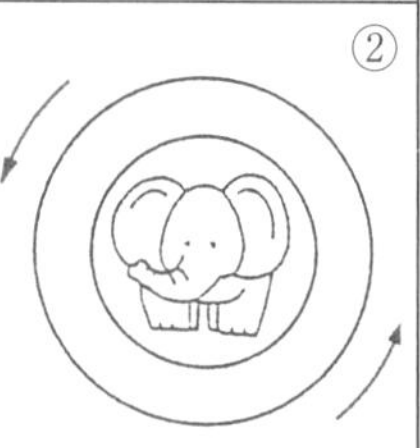

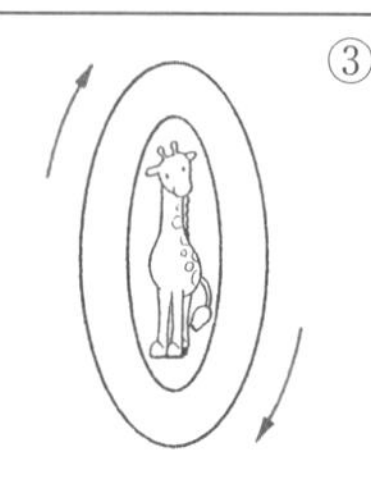

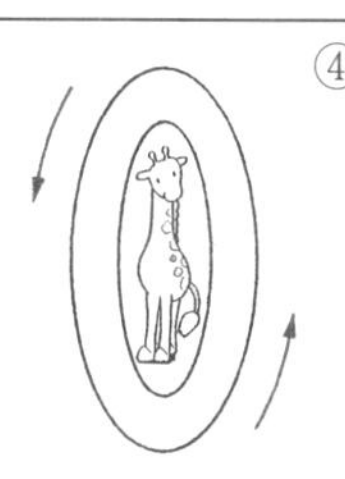

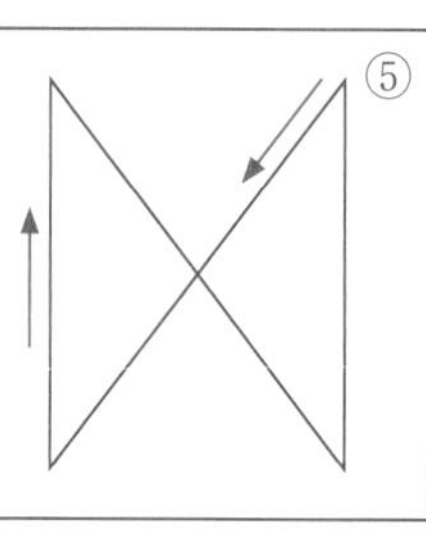

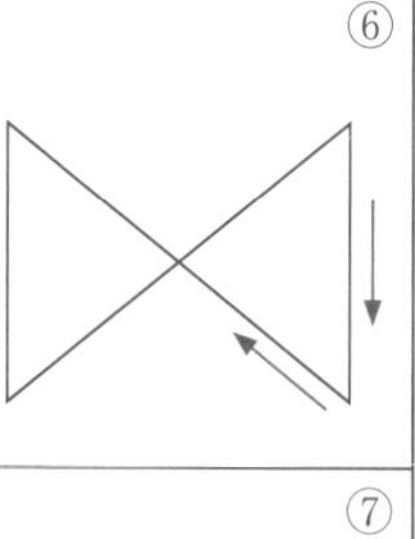

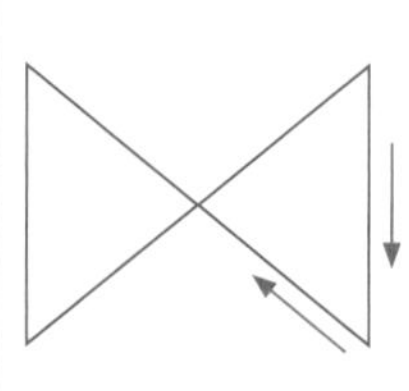

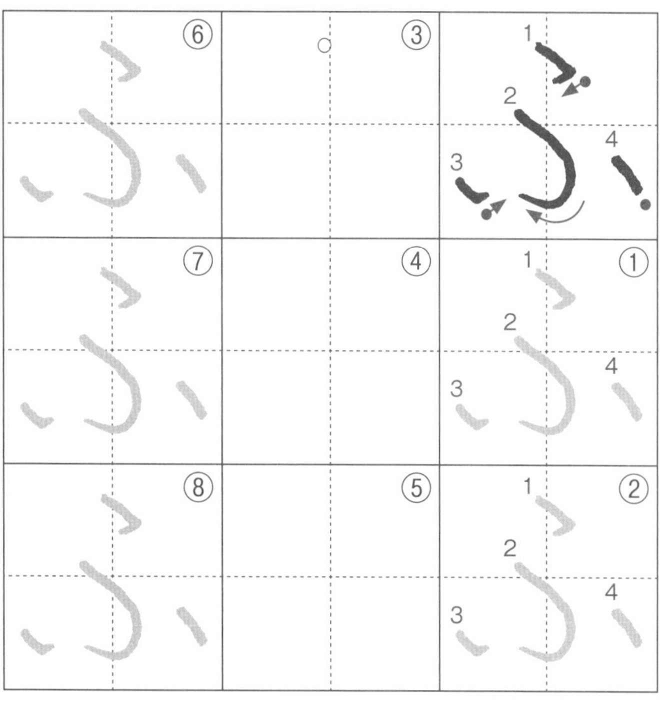

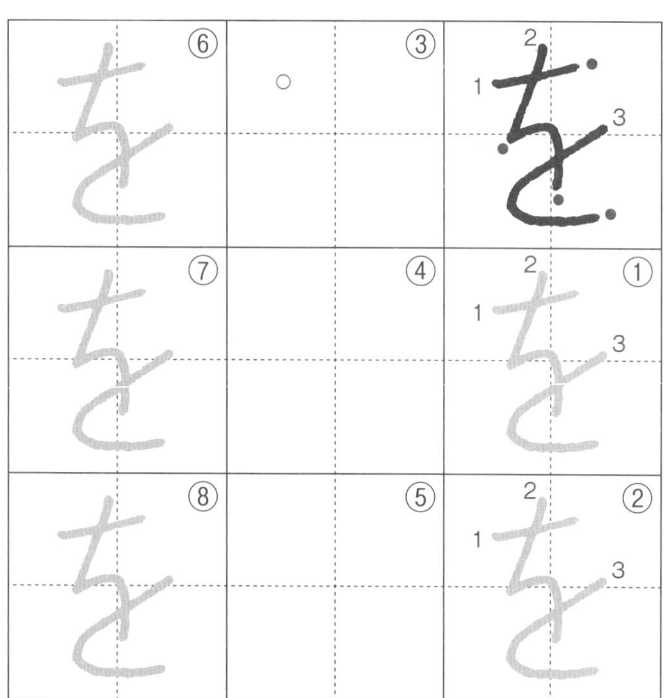

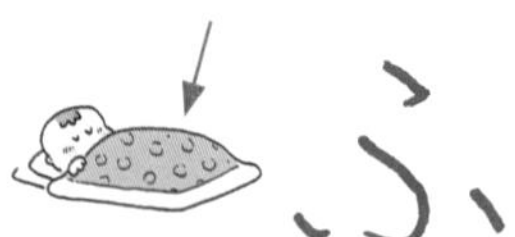

おうちの方へ

「ふ」は、「`」と「ぅ」が平行になるように、また3・4画目の2つの点は、「い」と同じ方向に書きましょう。「を」は、3画目を「と」のようにしましょう。

○ ×
ふ を を

【59ページのこたえ】 (1)—④　(2)—⑤　(3)—②　(4)—③　(5)—①

まよいのもり へん

ステージ 4

プレゼントが はいって いるわ。みんな なにを くれたのかしら?

なまえが ただしく かいて あるのは どっちかな? こえに だして よむと、ただしい ほうが わかりますよ。

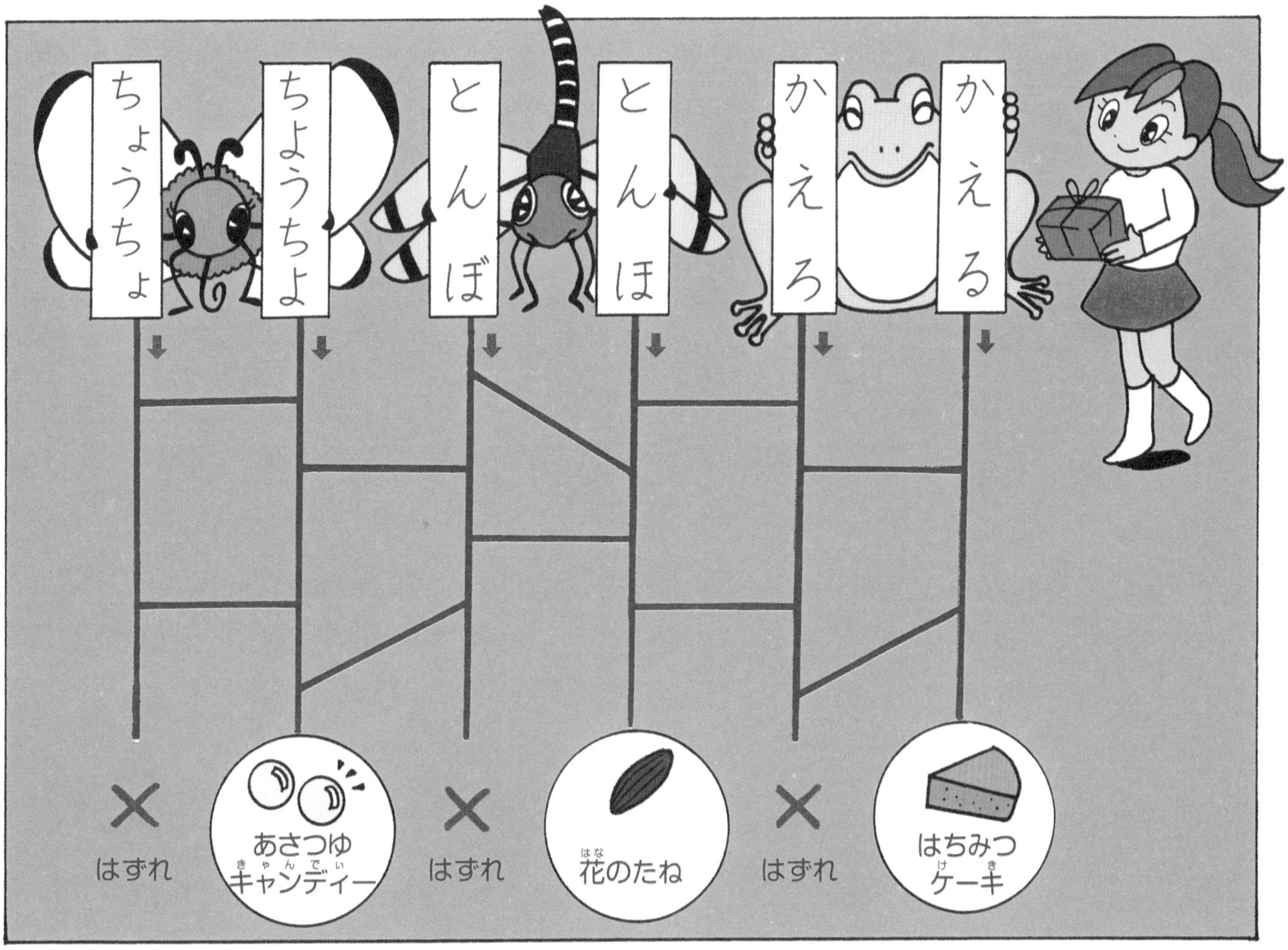

ちょうちょ　ちょうちょ　とんぼ　とんほ　かえろ　かえる

× はずれ　あさつゆキャンディー　× はずれ　花のたね　× はずれ　はちみつケーキ

75ページに つづく。

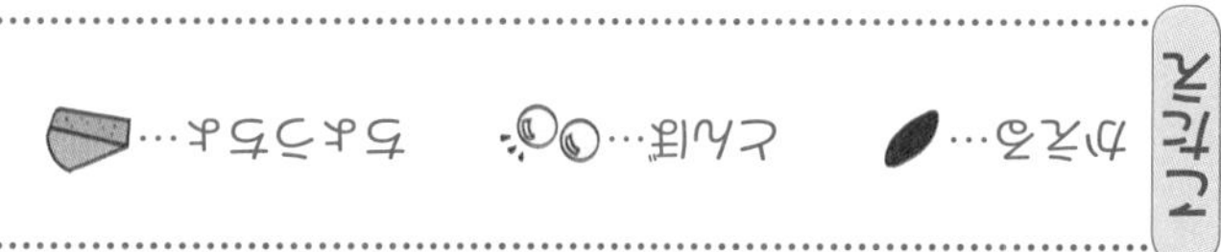

●いろいろな　かたちに　すきな　いろを　ぬりましょう。

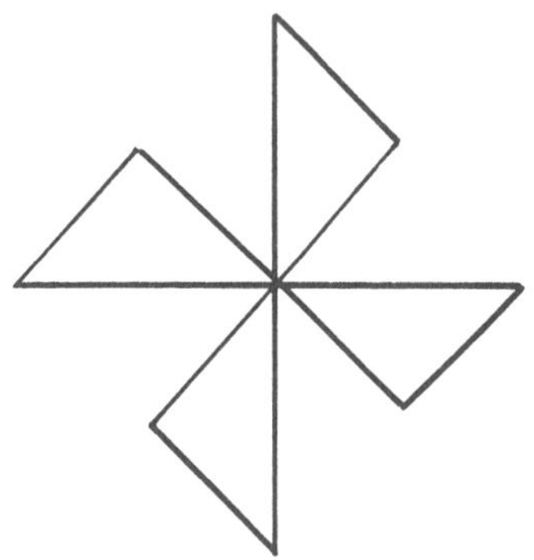

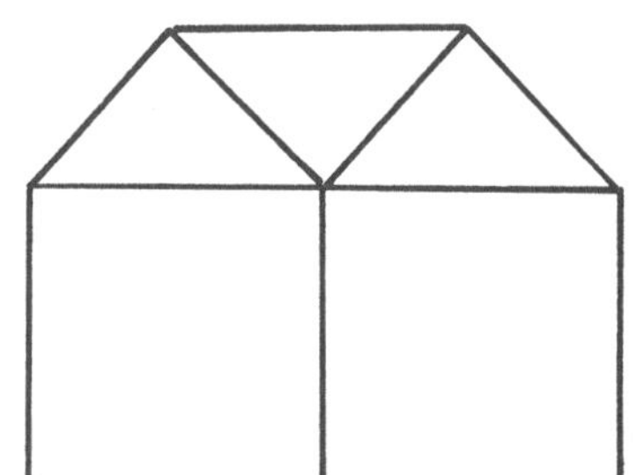

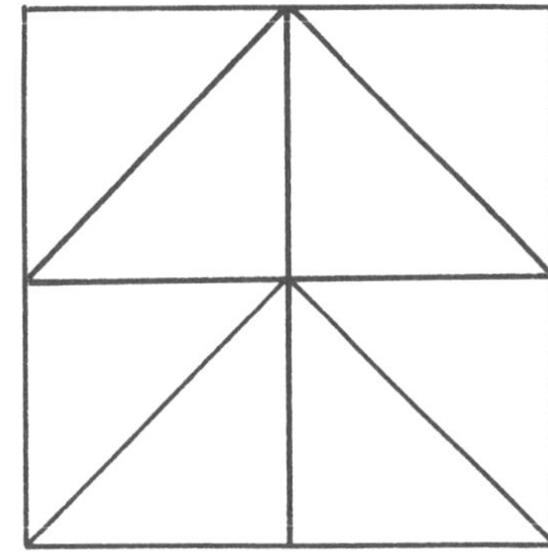

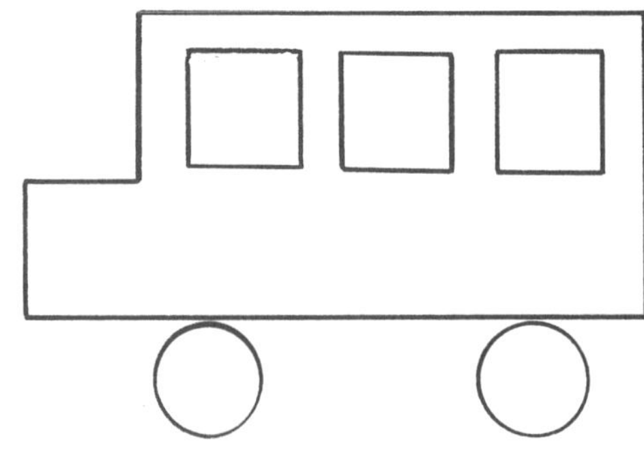

10を つくろう 3

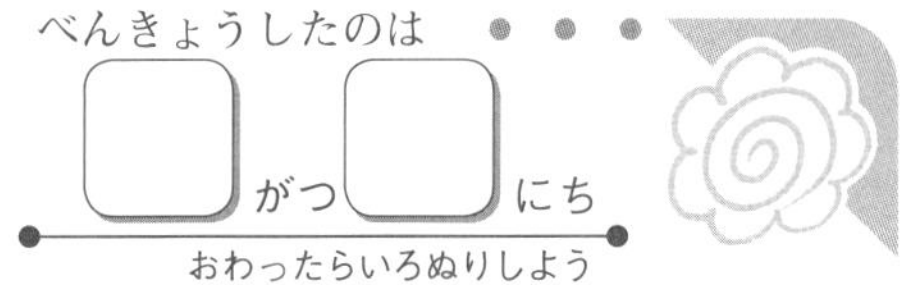

10は　いくつと　いくつでしょう。

① 10は □ と 1

② 10は □ と 2

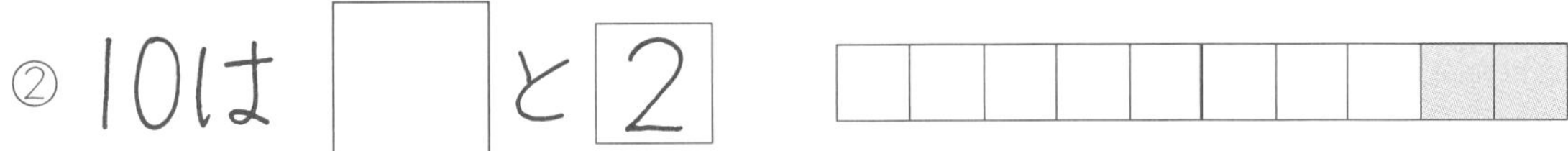

③ 10は □ と 3

④ 10は □ と 4

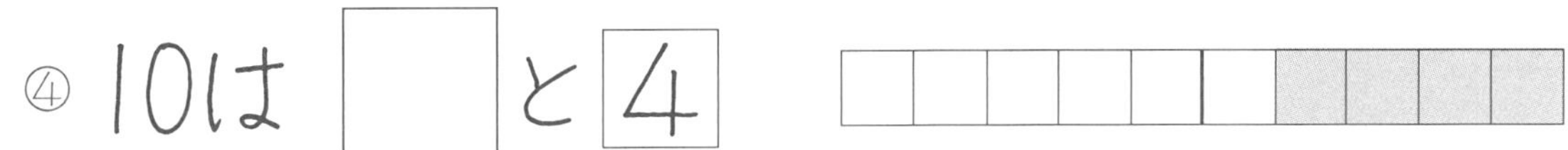

⑤ 10は □ と 5

⑥ 10は □ と 6

⑦ 10は □ と 7

⑧ 10は □ と 8

⑨ 10は □ と 9

おうちの方へ

10をつくることに少し慣れてきたでしょうか。このページでは、前に□をもってきました。前と後ろがちがっただけでも、全然ちがう問題のように感じるものです。今までの学習を思い出しながらやらせましょう。

「゛」「゜」のつくじ 1

べんきょうしたのは　□がつ　□にち

が		ざ		だ	
ぎ		じ		ぢ	
ぐ		ず		づ	
げ		ぜ		で	
ご		ぞ		ど	

かがみ

さざえ

ごま

ふだ

かぜ

すず

ぞう

ひげ

でぐち

おわったら
いろぬりしよう

● おうちの方へ ●

次の順で学習しましょう。①口をしっかり開けて読む。②２列目をお手本にして１列目を書く。③２列目をなぞる。④②と③をくり返す。⑤下段を読んでから、なぞる。「〃」を最後に書いているか見てあげてください。

【63ページのこたえ】①9　②8　③7　④6　⑤5　⑥4　⑦3　⑧2　⑨1

10を つくろう 4

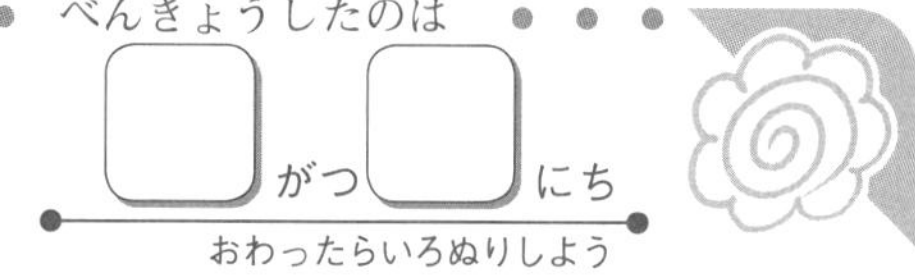

10は　いくつと　いくつでしょう。

① 10は 2 と □

② 10は 5 と □

③ 10は 1 と □

④ 10は 3 と □

⑤ 10は 6 と □

⑥ 10は 9 と □

⑦ 10は 7 と □

⑧ 10は 4 と □

⑨ 10は 8 と □

⑩ 10は □ と 1

⑪ 10は □ と 4

⑫ 10は □ と 2

⑬ 10は □ と 6

⑭ 10は □ と 8

⑮ 10は □ と 3

⑯ 10は □ と 9

⑰ 10は □ と 5

⑱ 10は □ と 7

おうちの方へ

このページでは、今まで順に学習してきた内容をバラバラに出題しています。順に並んでいると答えやすいのですが、バラバラにするとむずかしくなってきます。とても時間がかかるようでしたら、「10をつくろう1」をもう一度学習させましょう。

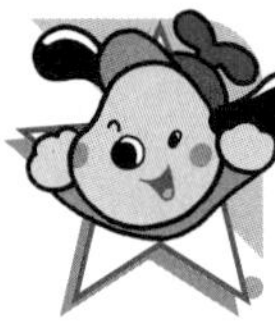

「゛」「゜」のつくじ 2

べんきょうしたのは □がつ □にち

ば		ぱ	
び		ぴ	
ぶ		ぷ	
べ		ぺ	
ぼ		ぽ	

ばら

ぶた

ぱん

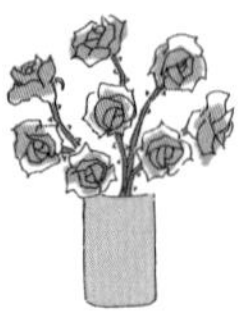

かべ

びん

ぺん

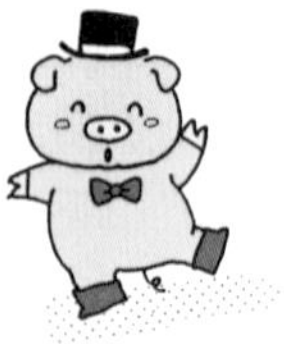

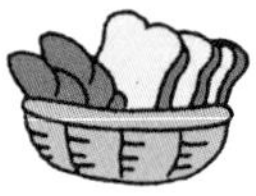

はばとび

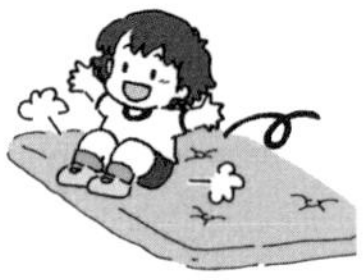

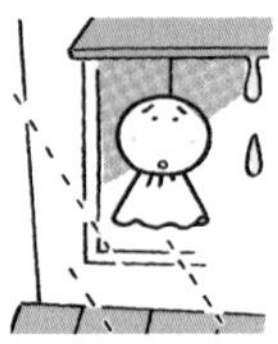

てるてる ぼうず

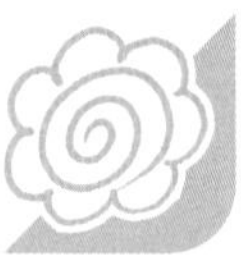

おわったら いろぬりしよう

● おうちの方へ ●

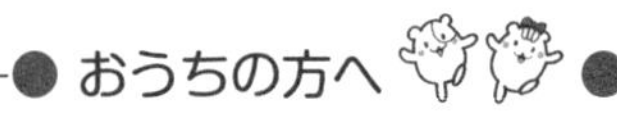

やり方は64ページと同じです。「゜」を最後に書いているか見てあげてください。

【65ページのこたえ】①8 ②5 ③9 ④7 ⑤4 ⑥1 ⑦3 ⑧6 ⑨2 ⑩9 ⑪6 ⑫8 ⑬4 ⑭2 ⑮7 ⑯1 ⑰5 ⑱3

10を つくろう 5

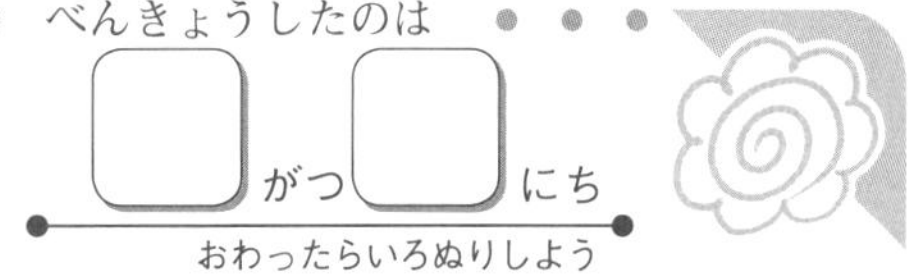

10は　いくつと　いくつでしょう。

① 10は 3 と □

② 10は □ と 4

③ 10は 5 と □

④ 10は □ と 2

⑤ 10は 6 と □

⑥ 10は □ と 8

⑦ 10は 9 と □

⑧ 10は □ と 7

⑨ 10は 1 と □

⑩ 10は □ と 3

おうちの方へ

このページでは、前に□がある問題と後ろに□がある問題を混ぜています。このように出題の仕方を変えただけで、むずかしく感じる子がいます。「前に勉強したことだからね」と言って思い出させて、自信をもたせましょう。

つまる おと 1

しっぽ　かっぱ　きって

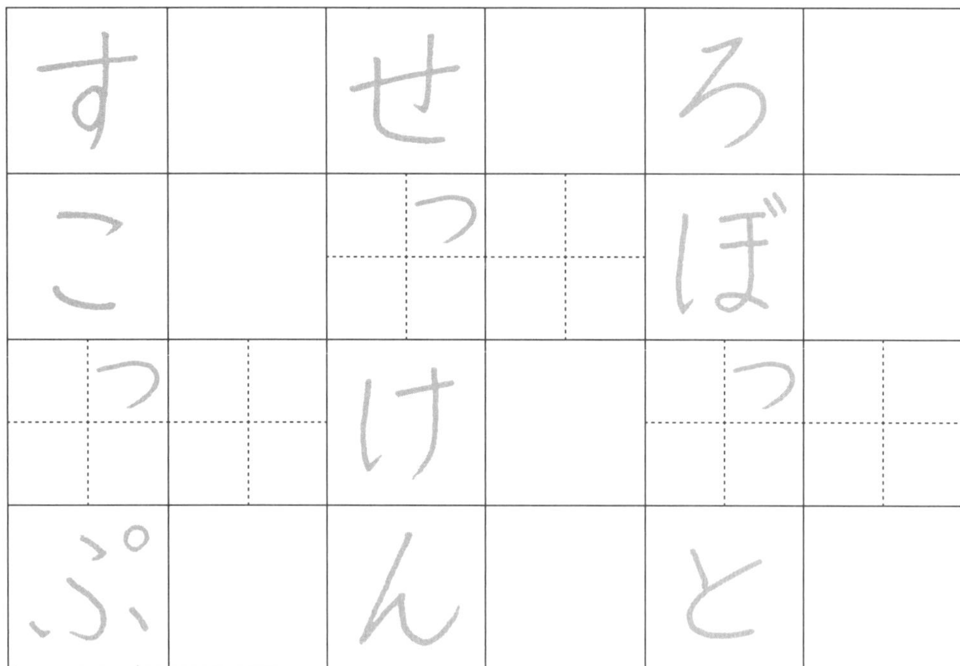

すこっぷ　せっけん　ろぼっと

べんきょうしたのは　□がつ　□にち

おわったら
いろぬりしよう

● おうちの方へ ●

小さく書く「つ」は、マスの右上に書きましょう。やり方は①口をしっかり開けて読む。②2列目をお手本にして1列目を書く。③2列目をなぞる。このページから84ページまで同様に進めましょう。促音を「つまる音」としています。

【67ページのこたえ】①7　②6　③5　④8　⑤4　⑥2　⑦1　⑧3　⑨9　⑩7

たしざん 1

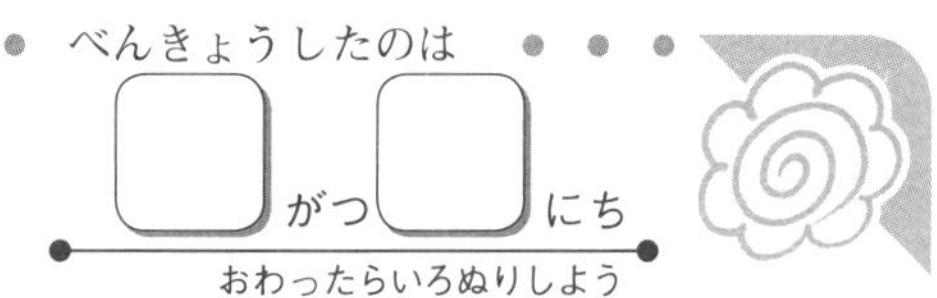

1. さらに　みかんが　のって　います。　あわせて　なんこ　あるでしょう。

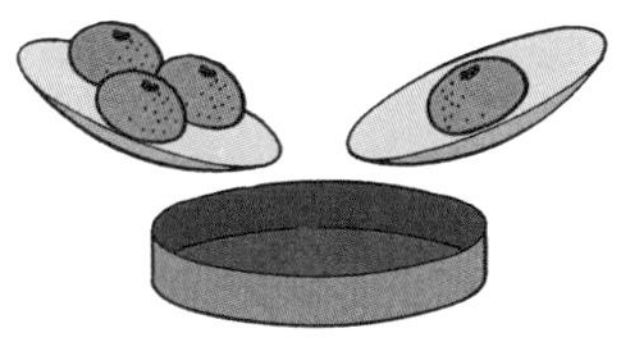

こたえ ＿＿＿＿＿＿ こ

2. メロン（めろん）が　あります。あわせて　なんこ　あるでしょう。

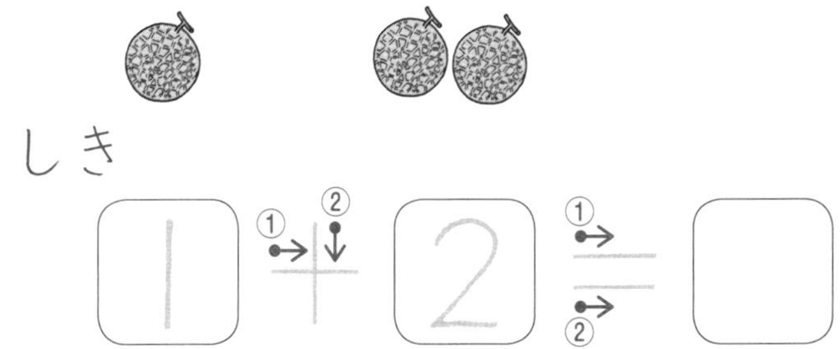

こたえ ＿＿＿＿＿＿ こ

3. さらに　りんごが　のって　います。あわせて　なんこ　あるでしょう。

しき

□ ＋ □ ＝ □

こたえ ＿＿＿＿＿＿ こ

おうちの方へ

2つの物を合わせる場面のたし算です。「あわせて」ということばがカギです。おはじきなどを使って、3や1を実際に合わせるとたし算の意味がはっきりとイメージできるでしょう。＋や＝は筆順が決まっています。

つまる おと 2

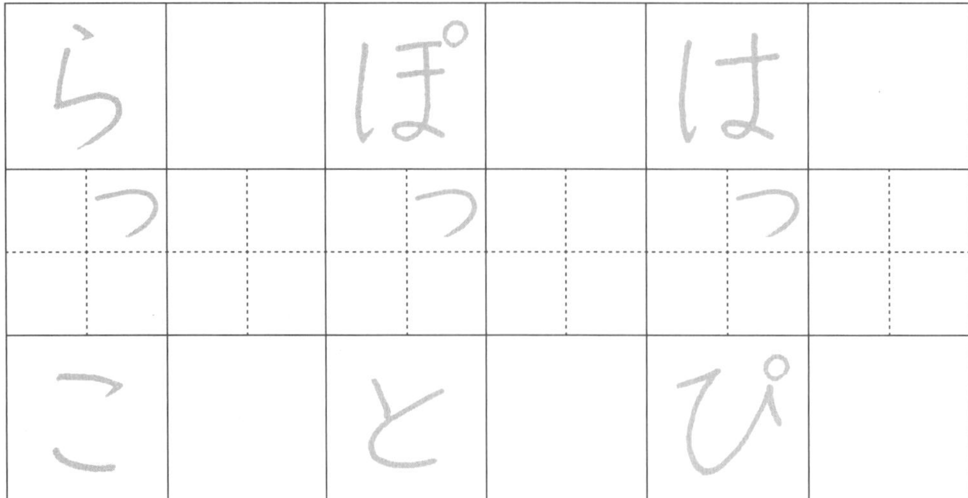

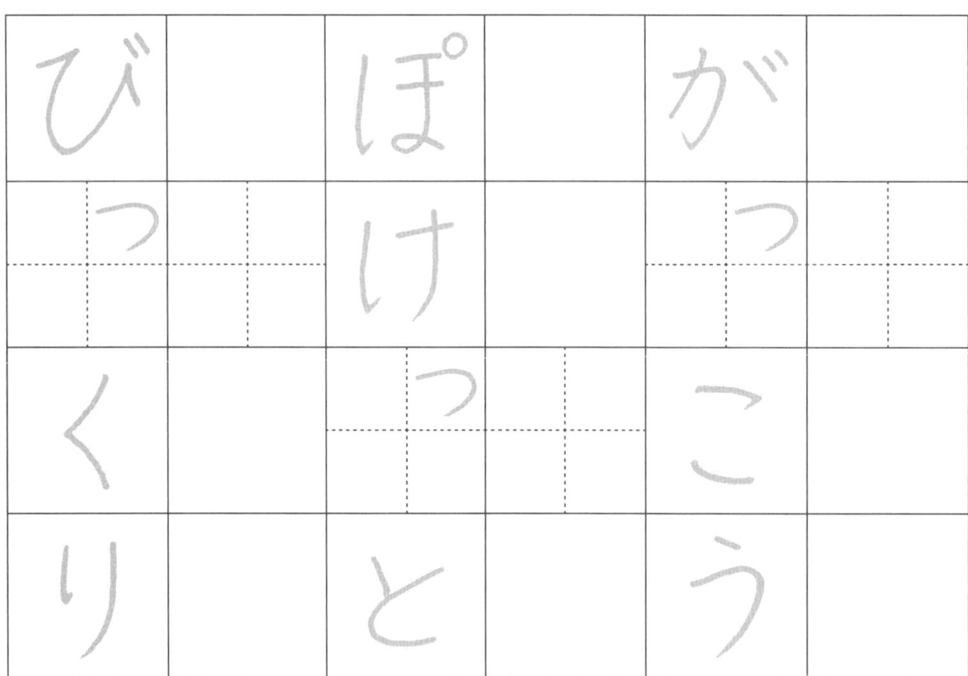

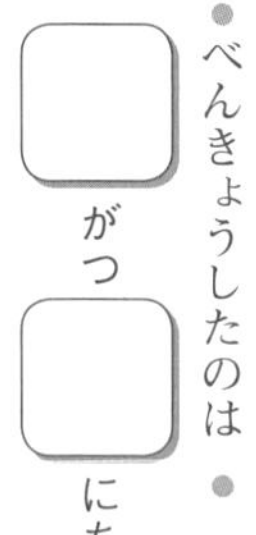

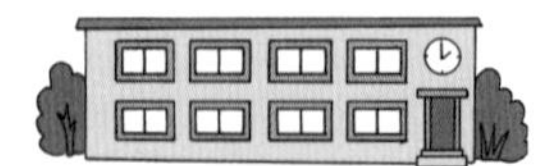

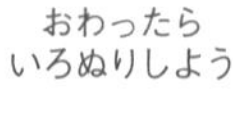

おうちの方へ

作文を書かせると、「がっこう」が「がこう」になる子がいます。息がつまるところ（発音しないところ）、すなわち手をたたきながら読むと間のあくところが「っ」を書く場所です。

【69ページのこたえ】1．3と1で4　4こ　2．1+2=3　3こ　3．2+2=4　4こ

たしざん 2

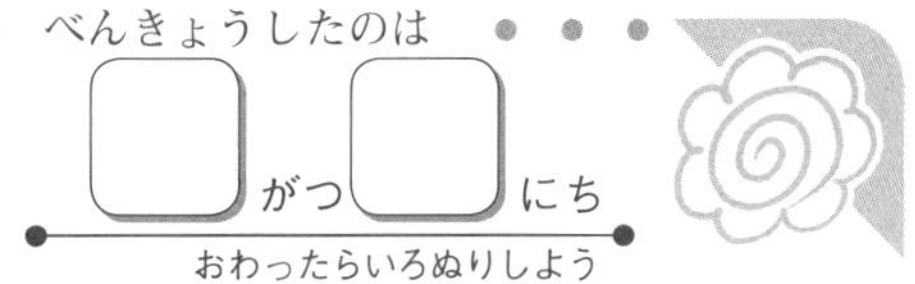

1. すいそうに　きんぎょが　1ぴき　います。もう1つの　すいそうに　3びき　います。きんぎょは　あわせて　なんびき　いますか。

しき＿＿＿＿＿＿＿＿＿＿　　こたえ＿＿＿＿ひき

2. ボールが　うえの　たなに　1こ　ありました。したの　たなには　4こ　ありました。ぜんぶで　なんこでしょうか。

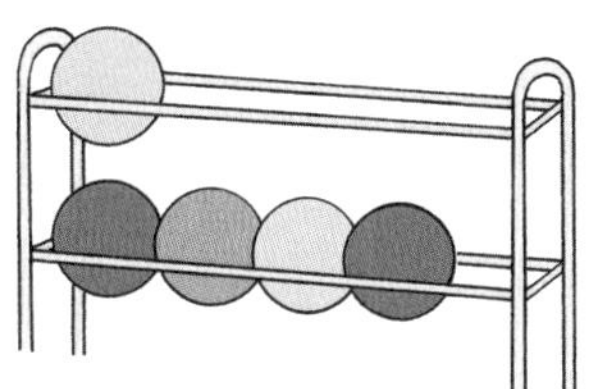

しき＿＿＿＿＿＿＿＿＿＿　　こたえ＿＿＿＿こ

3. あめが　ふくろの　なかに　3こ　ありました。べつの　ふくろにも　3こ　ありました。あめは　ぜんぶで　なんこ　ありますか。

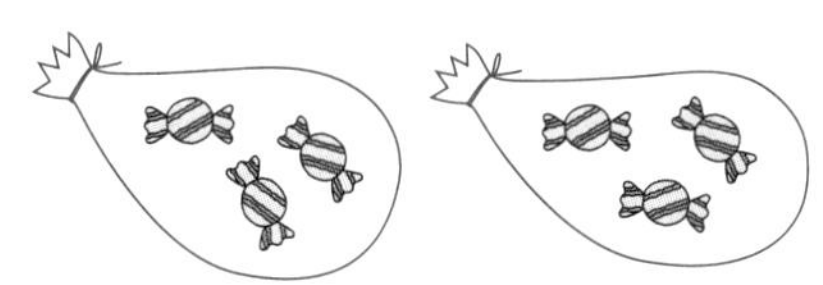

しき＿＿＿＿＿＿＿＿＿＿　　こたえ＿＿＿＿こ

おうちの方へ

1. は、69ページと同じで「あわせて なんびき」とたずねています。**2.** **3.** は、「ぜんぶで なんこ」とたずねています。どちらも同じ意味で、たし算になります。

ねじれる おと 1

べんきょうしたのは　□がつ　□にち

ちゃ　しゃ　きゃ

ちゅ　しゅ　きゅ

ちょ　しょ　きょ

ちょきん　きしゃ　きゃべつ

おわったら
いろぬりしよう

● おうちの方へ ●

小さい字はマスの右上に書きます。ていねいになぞりましょう。プリント以外のことばもさがしてみましょう。拗音（小さな「や・ゆ・よ」）を「拗れる音」としています。

【71ページのこたえ】1. 1＋3＝4　4ひき　2. 1＋4＝5　5こ　3. 3＋3＝6　6こ

たしざん 3

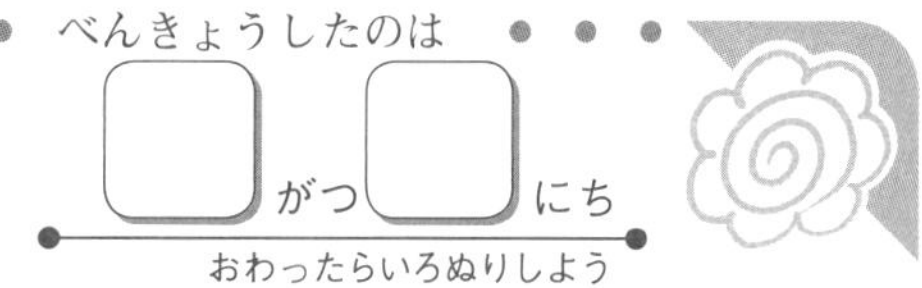

1. えんぴつが　3ぼん　ありました。あとから　1ぽん　もって　きました。
ぜんぶで　なんぼんに　なりましたか。

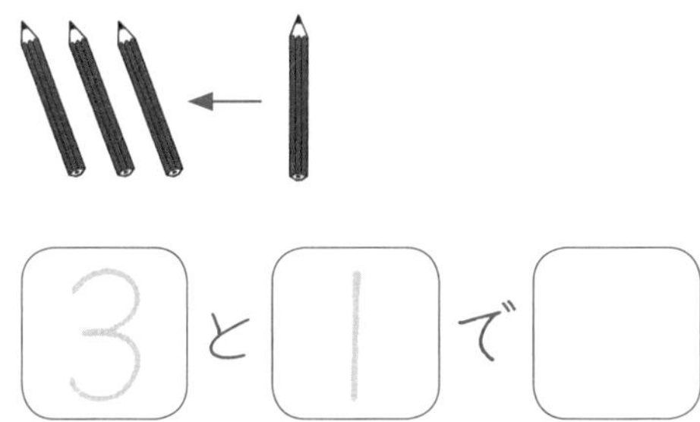

3 と 1 で □

こたえ ＿＿＿＿ほん

2. けしごむが　2こ　ありました。　あとから　3こ　もらいました。
ぜんぶで　なんこに　なりましたか。

しき

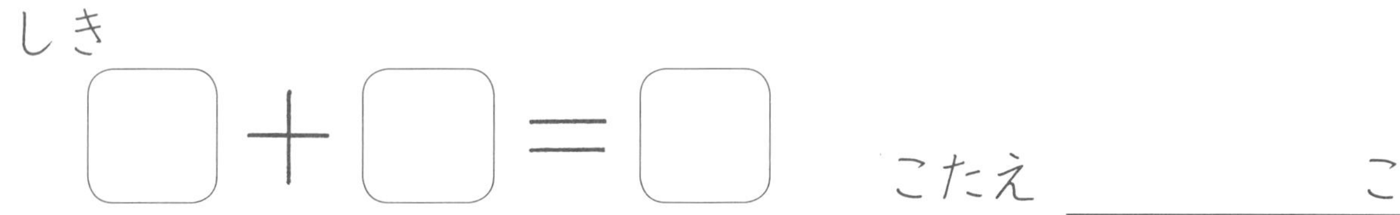

□ ＋ □ ＝ □

こたえ ＿＿＿＿こ

3. くるまが　3だい　とまって　いました。あとから　2だい　きました。
ぜんぶで　なんだいに　なりましたか。

しき

□ ＋ □ ＝ □

こたえ ＿＿＿＿だい

おうちの方へ

このページもたし算ですが、初めにいくつかあって、そこへ後から追加するたし算です。式は同じ○＋□ですが、たす場合の物の動きがちがいます。後からたす物だけが動きます。

ねじれる おと 2

おうちの方へ

プリント以外にもねじれる音の入ったことばがたくさんあります。さがしてみましょう。

【73ページのこたえ】1. 3と1で4 4ほん 2. 2+3=5 5こ 3. 3+2=5 5だい

メッセージに　4つの　まちがいが　あるぞ。ぜんぶ　みつけてみよう。

ここに
こはい
きょうりゅうが
いるから、
きおつけろ。

89ページから　さんすうだよ。

●むしかごの　なかの　すうじと　おなじ　かずの　むしを
つなぎましょう。

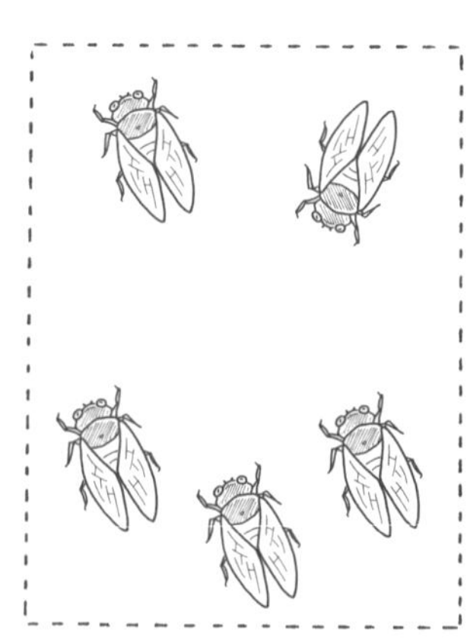

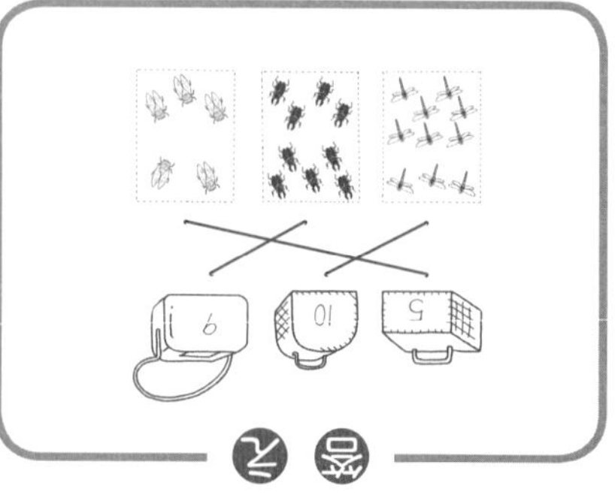

たしざん 4

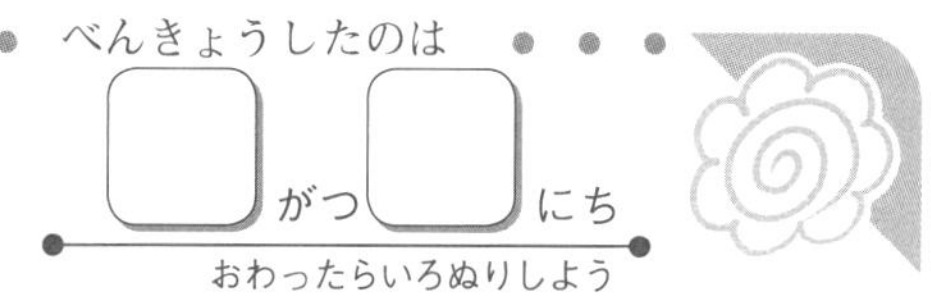

1. ちゅうしゃじょうに　じどうしゃが　1だい　とまって　います。そこに　2だい　はいって　きました。ぜんぶで　なんだいに　なりましたか。

しき＿＿＿＿＿＿＿＿＿＿　　こたえ＿＿＿＿＿＿

2. でんせんに　すずめが　4わ　とまって　います。そこに　1わ　とんで　きました。ぜんぶで　なんわに　なりましたか。

しき＿＿＿＿＿＿＿＿＿＿　　こたえ＿＿＿＿＿＿

3. りんごを　4こ　もらいました。また　2こ　もらいました。ぜんぶで　なんこに　なりましたか。

しき＿＿＿＿＿＿＿＿＿＿　　こたえ＿＿＿＿＿＿

おうちの方へ

73ページに続いて、追加するたし算の問題です。「たしざん1・2」の場合と異なるたし算です。問題に合わせておはじきなどを動かすと、それぞれのたし算のちがいがイメージできるでしょう。

ねじれる おと 3

じゃ ぎゃ りゃ

じゅ ぎゅ りゅ

じょ ぎょ りょ

にんじゃ きんぎょ りゅう

べんきょうしたのは　がつ　にち

おわったら いろぬりしよう

● おうちの方へ ●

ねじれる音の入ったことばさがしを、遊びとして親子でやってみるのもいいですね。

【77ページのこたえ】1．1＋2＝3　3だい　2．4＋1＝5　5わ　3．4＋2＝6　6こ

たしざん 5

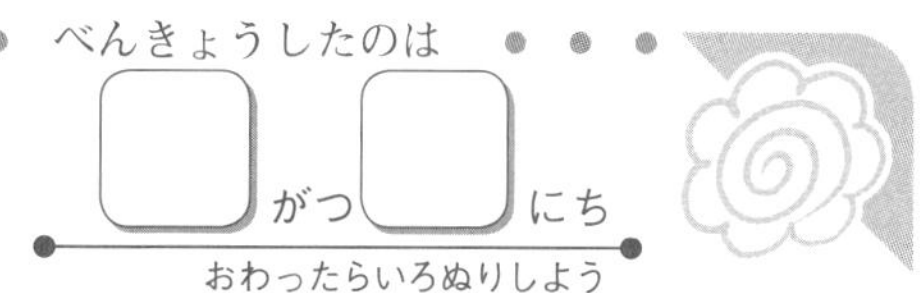

1. こうえんで　こどもが　3にん　あそんで　いました。そこへ　4にん　きました。みんなで　なんにんに　なったでしょう。

しき

こたえ ＿＿＿＿＿＿

2. いぬを　2ひき　さんぽさせて　いる　おじさんと　いぬを　1ぴき　さんぽさせて　いる　おばさんが　みえます。いぬは　ぜんぶで　なんびきでしょう。

しき

こたえ ＿＿＿＿＿＿

3. かだんに　すずめが　4わ　いました。そこへ　3ば　とんで　きました。すずめは　ぜんぶで　なんわに　なったでしょう。

しき

こたえ ＿＿＿＿＿＿

● おうちの方へ ●

このページは、「合わせる」たし算と「追加する」たし算の両方を出題しています。たし算の学習のページだから、たし算をしたら正解なのですが、問題文を読んで場面をイメージできることがとても大事です。

ねじれる おと 4

ぴゃ　びゃ　ぢゃ

ぴゅ　びゅ　ぢゅ

ぴょ　びょ　ぢょ

ぴょん　がびょう　ぢゃわん

ゆのみ　ゆのみ

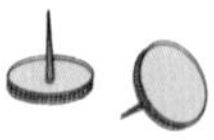

べんきょうしたのは　がつ　にち

おわったら いろぬりしよう

おうちの方へ

ねじれる音はものの名前だけでなく、「ぴゅうぴゅう」「ぴゅんぴゅん」など、様子を表す言葉にもよく使われます。さがしてみましょう。

【79ページのこたえ】1. 3＋4＝7　7にん　2. 2＋1＝3　3びき　3. 4＋3＝7　7わ

たしざん 6

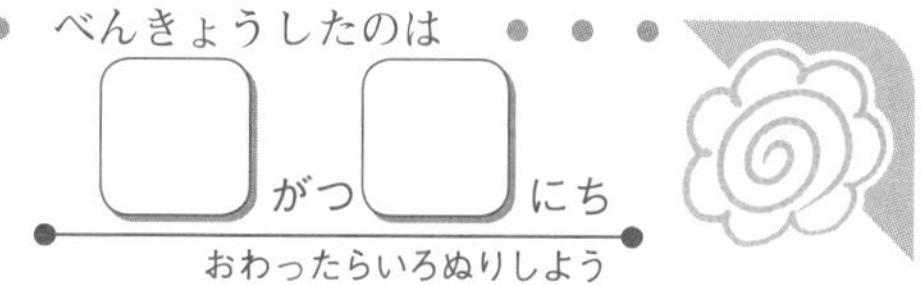

つぎの　たしざんを　しましょう。

① $1+1=\square$

② $2+1=\square$

③ $1+2=\square$

④ $2+2=\square$

⑤ $1+3=\square$

⑥ $2+3=\square$

⑦ $3+1=\square$

⑧ $3+2=\square$

⑨ $4+1=\square$

⑩ $1+4=\square$

おうちの方へ

計算式だけのたし算の問題です。答えは５までです。数字はゆっくりていねいに書かせるようにしましょう。

のばす おと 1

おかあさん

おばあさん

おじいさん

すうじ

ふうせん

ゆうれい

べんきょうしたのは

がつ　にち

おわったら
いろぬりしよう

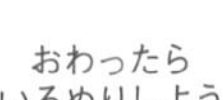

● おうちの方へ ●

次の順で学習しましょう。①長くのばす音を意識して読んでみましょう。②２列目をお手本にして１列目を書く。あ・い・う段は、のばした音をそのまま書きます。③２列目をなぞる。次のページも同じように進めましょう。

【81ページのこたえ】①2　②3　③3　④4　⑤4　⑥5　⑦4　⑧5　⑨5　⑩5

たしざん 7

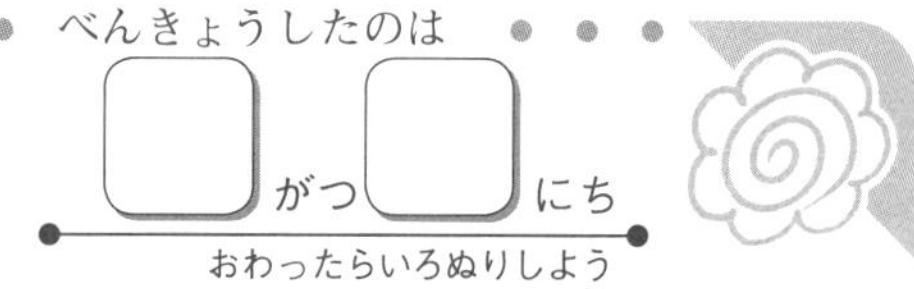

つぎの　たしざんを　しましょう。

① $2+4=\square$

② $2+5=\square$

③ $2+6=\square$

④ $2+7=\square$

⑤ $3+3=\square$

⑥ $4+3=\square$

⑦ $5+3=\square$

⑧ $4+2=\square$

⑨ $3+4=\square$

⑩ $3+6=\square$

おうちの方へ

答えが6～9になるたし算です。数が大きくなると計算に少し時間がかかるでしょうが、１題ずつ確実にやらせましょう。

のばす おと 2

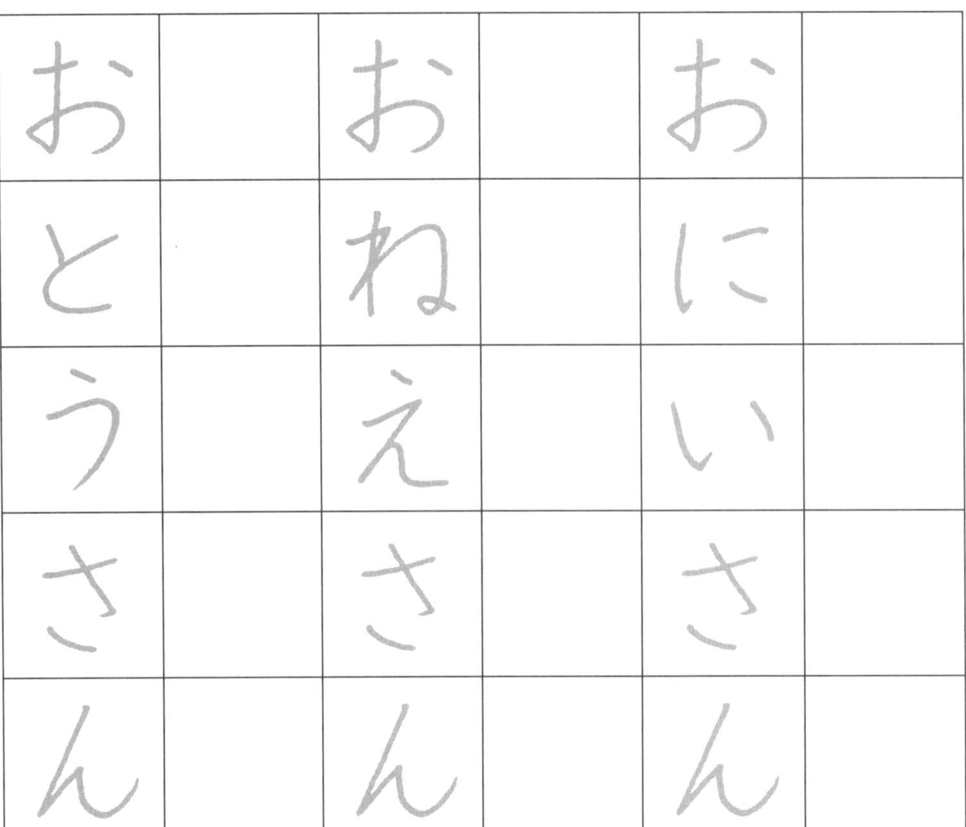

いもうと

おとうと

せんせい

べんきょうしたのは　がつ　にち

おわったら いろぬりしよう

おうちの方へ

え段をのばすときは「え」を、お段をのばすときは「う」を書きます。「おおきい」「おおかみ」などは例外です。

【83ページのこたえ】①6 ②7 ③8 ④9 ⑤6 ⑥7 ⑦8 ⑧6 ⑨7 ⑩9

たしざん 8

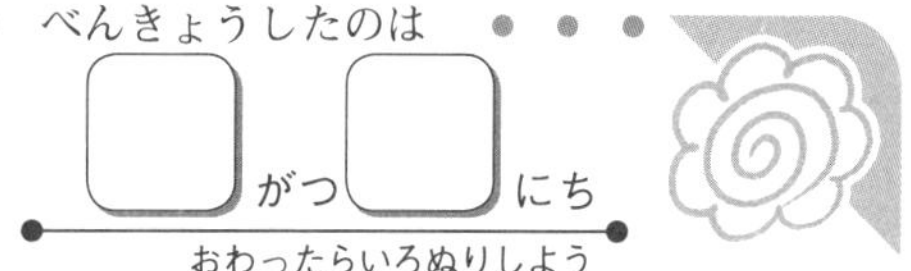

つぎの　たしざんを　しましょう。

① $3+5=$ □

② $5+1=$ □

③ $5+4=$ □

④ $6+1=$ □

⑤ $7+1=$ □

⑥ $1+8=$ □

⑦ $1+7=$ □

⑧ $4+5=$ □

⑨ $6+2=$ □

⑩ $8+1=$ □

おうちの方へ

「たしざん７」と同様に答えが６～９になるたし算です。指を使っているようでしたら、認めてやってください。今、必要としているのですから。指が必要でなくなるくらい練習を続けるといいでしょう。

はっきり よもう 1

● おうちの方へ ●

まずしっかり口を開けて、読んでみましょう。お手本をなぞって書いた後、口の形を意識して読みましょう。同じ記号がついている字は、同じ口の形になります。

【85ページのこたえ】①8 ②9 ③6 ④7 ⑤8 ⑥6 ⑦8 ⑧6 ⑨8 ⑩6

たしざん 9

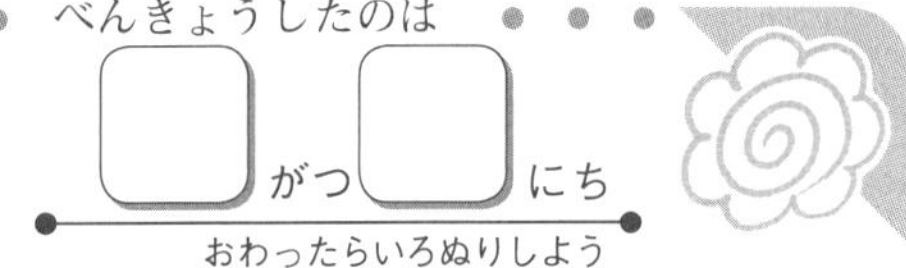

つぎの　たしざんを　しましょう。

① 1 ＋ 5 ＝ □

② 5 ＋ 2 ＝ □

③ 6 ＋ 2 ＝ □

④ 1 ＋ 6 ＝ □

⑤ 4 ＋ 4 ＝ □

⑥ 2 ＋ 2 ＝ □

⑦ 2 ＋ 3 ＝ □

⑧ 4 ＋ 3 ＝ □

⑨ 5 ＋ 1 ＝ □

⑩ 7 ＋ 2 ＝ □

おうちの方へ

「たしざん6～9」で、くり上がりのないたし算の全部の組み合わせを出題しました。学校で使う「たしざんカード」なども利用してたっぷり練習させましょう。

おうちの方へ

「あ・い・う・え・お」と言いながら口を動かしてみましょう。あ行以外の行も音をのばして言うと、どの口の形かよくわかります。やり方は前ページと同じです。

【87ページのこたえ】①6 ②7 ③8 ④7 ⑤8 ⑥4 ⑦5 ⑧7 ⑨6 ⑩9

ナゾトキ☆クエスト まよいのもり へん

ステージ1

もりには、たくさんの　はなや　むしが　いるぞ。もりの　なかに　かくれて　いる　1～9の　すうじを　さがして　いろを　ぬろう。

103ページに　つづく。

ちいさく　かく　じは　どれかな？
○で　かこみましょう。

でんしゃ

やきゅう

きょうりゅう

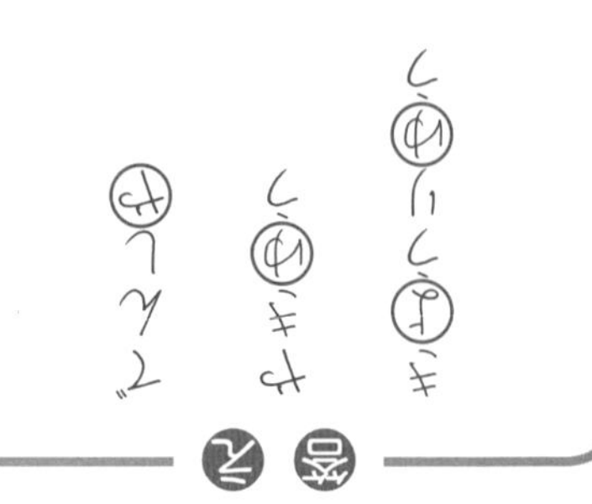

ひきざん 1

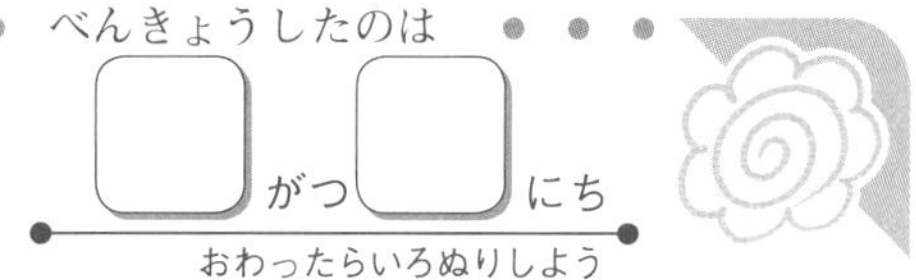

1. バナナが　4ほん

2ほん　たべると

2. カエルが　3びき

1ぴき　とびこむと

3. ふうせんが　5こ

3こ　とんで　いくと

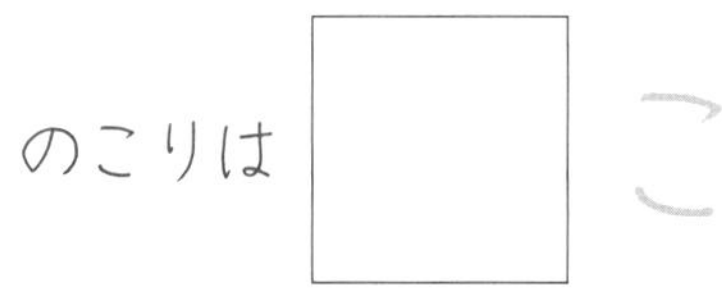

● おうちの方へ ●

ひき算への第一歩です。まだ、きちんとした文章題ではありませんが、バナナを食べたり、カエルが池に飛びこんだりしている動きを、頭の中に思い浮かべるようにするといいでしょう。また、バナナやカエルの代わりに鉛筆を用意してひく数だけ動かすとよくわかります。

「ぢ」と かく ことば

おてほんを みて みぎに かいたら、おてほんを ていねいに なぞりましょう。なぞった あと、こえを だして よみましょう。

べんきょうしたのは □がつ □にち

おわったら いろぬりしよう

はなぢ

のびちぢみ

まぢか

そこぢから

ゆのみぢゃわん

● おうちの方へ ●

「ジ」と発音する「じ」と「ぢ」のうち、「ぢ」と書くものをあげました。「はな」＋「ち」で「はなぢ」となるように、二つのことばが組み合わさってできる「ぢ」があります。また、「ちぢむ」のように、「ち」が二つ並んで二つ目がにごるとき「ぢ」になります。

【91ページのこたえ】1．ごほん　2．ごひき　3．ごこ

ひきざん 2

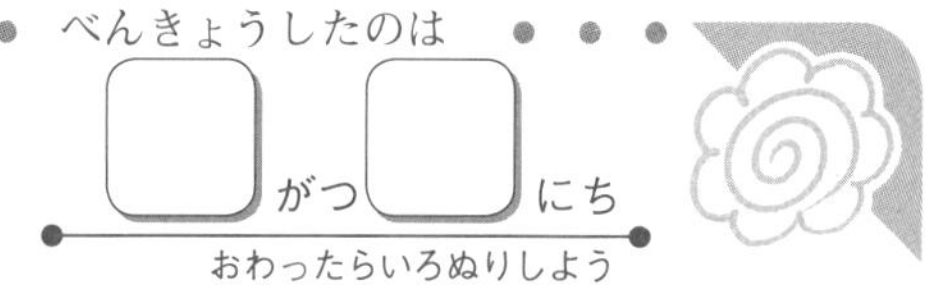

1．あめが　4こ　ありました。3こ　たべると、のこりは　なんこでしょう。

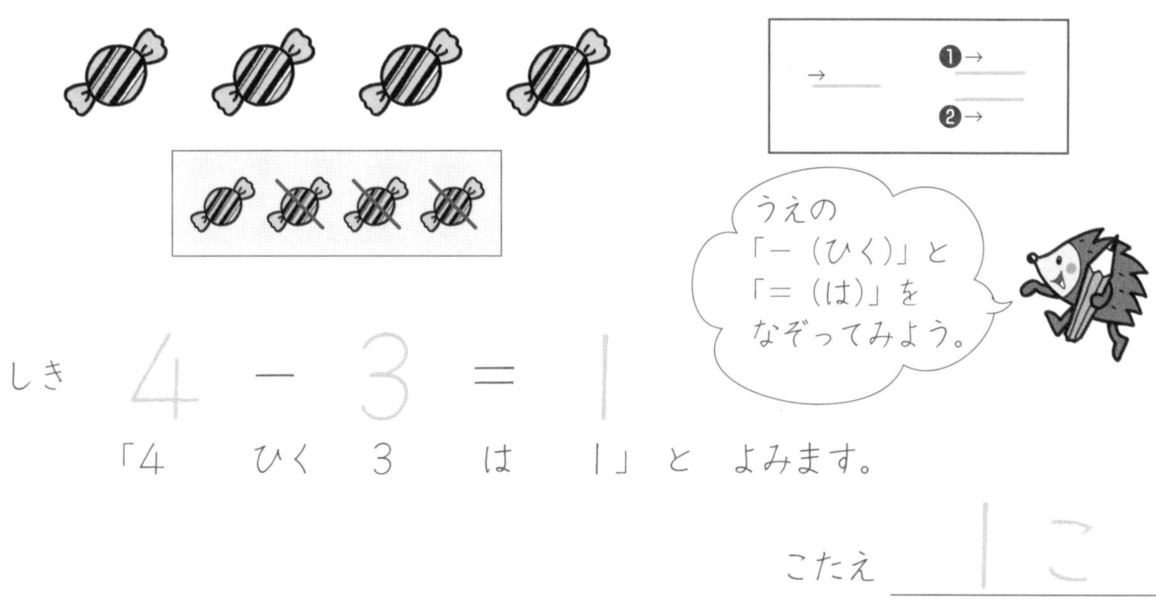

「4　ひく　3　は　1」と　よみます。

こたえ　1こ

2．いちごが　5こ　ありました。2こ　たべると、のこりは　なんこでしょう。

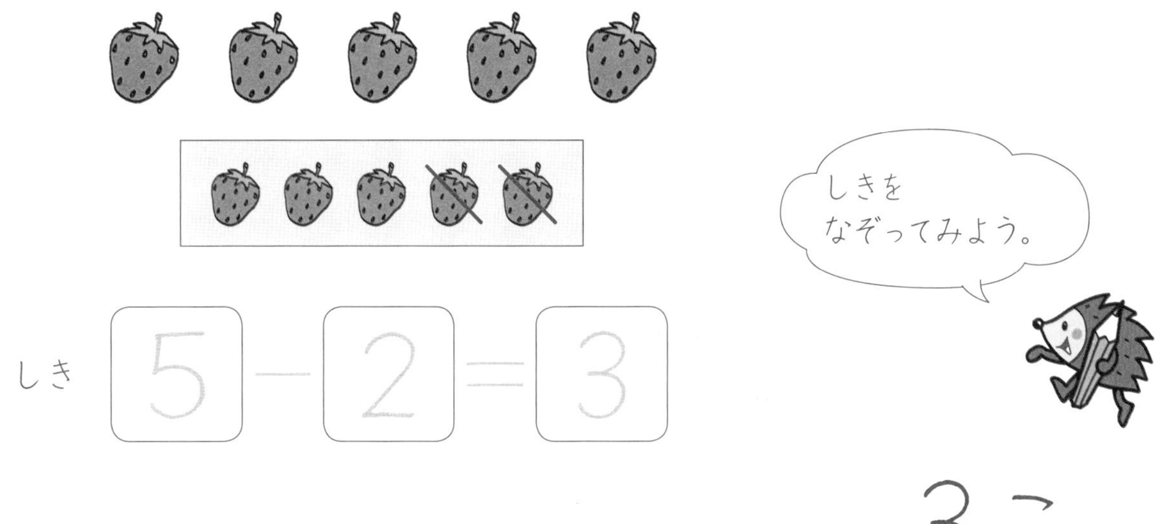

こたえ　3こ

● おうちの方へ ●

ひき算の（ここでは、残りを求める）問題の形式を覚えさせます。問題文をいつも2～3度読ませるようにしましょう。
この問題を考えるとき、1．2．の絵のように、斜線を引いて残りを求めるとわかりやすいでしょう。

「づ」と かく ことば

おてほんを みて みぎに かいたら、おてほんを ていねいに なぞりましょう。なぞった あと、こえを だして よみましょう。

べんきょうしたのは □がつ □にち

つづく

おこづかい

こづつみ

みかづき

ちかづく

かたづける

おわったら いろぬりしよう

● おうちの方へ ●

ここでは「ズ」と発音する「ず」と「づ」のうち、「づ」と書くものをあげました。「かん」＋「つめる」で「かんづめ」となるように、二つのことばが組み合わさってできる「づ」があります。また「つづく」のように、「つ」が二つ並んで二つ目がにごるとき「づ」になります。

【93ページのこたえ】1．4－3＝1　1こ　2．5－2＝3　3こ

ひきざん 3

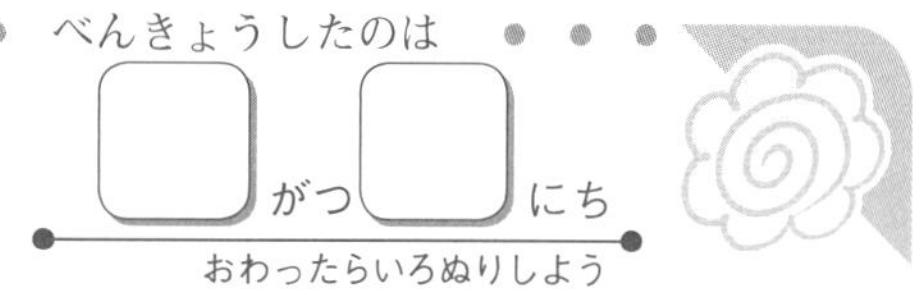

1. カメが　4ひき　います。ともだちに　1ぴき　あげました。のこりは　なんびきに　なりましたか。

しき

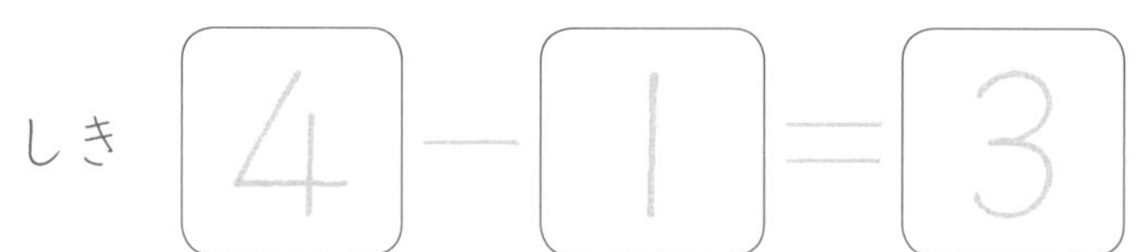

こたえ　＿＿＿＿びき

2. あめが　5こ　あります。4こ　たべると　のこりは　なんこに　なりますか。

しき　5 − 4 = □

こたえ　＿＿＿＿こ

● おうちの方へ ●

問題文をしっかり読んでからやるようにさせましょう。式は、ていねいになぞるようにさせましょう。

つまる おと 3

おてほんを みて みぎに かいたら、おてほんを ていねいに なぞりましょう。なぞった あと、こえを だして よみましょう。

べんきょうしたのは □がつ □にち

おわったら いろぬりしよう

こっぷ

けっこんしき

しっぱい

がっかり

かけっこ

びっくり

● おうちの方へ ●

つまる音を促音といいます。声を出して読んでみましょう。息が止まるところが「っ」と小さく書くところです。マスの右上に書きます。

【95ページのこたえ】1．4－1＝3　3びき　2．5－4＝1　1こ

ひきざん 4

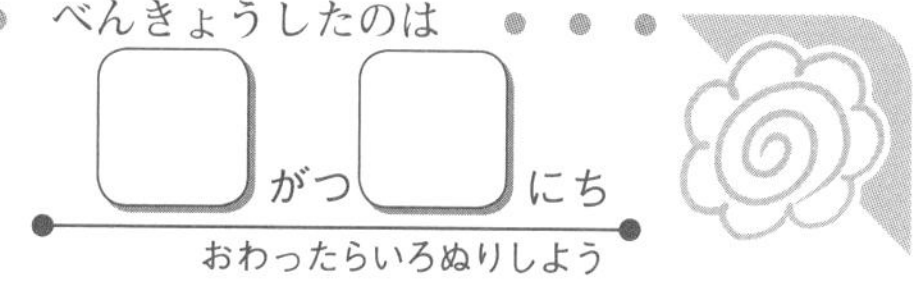

1. じどうしゃが　3だい　とまって　います。2だい　でて　いくと、
のこりは　なんだいに　なりますか。

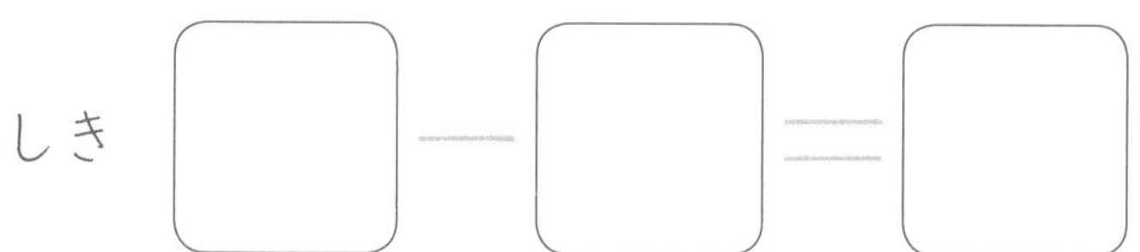

こたえ　＿＿＿＿だい

2. ふうせんが　5こ　あります。1こ　とんで　いきました。
のこりは　なんこに　なりますか。

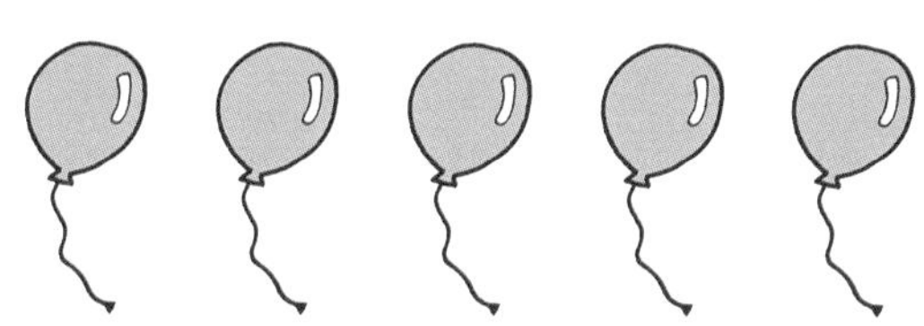

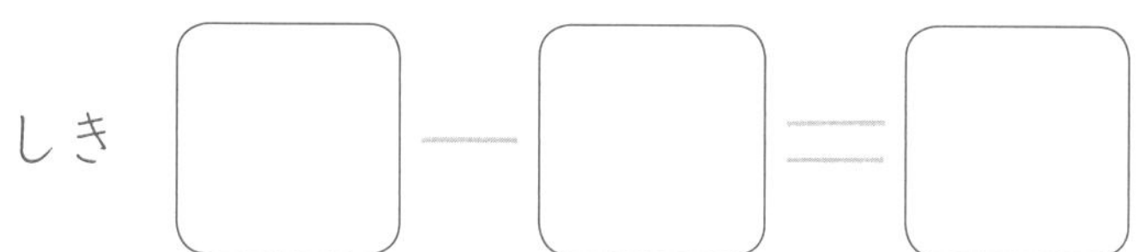

こたえ　＿＿＿＿こ

おうちの方へ

「残りを求める」ひき算の意味は、理解できたでしょうか。物が動き、残りが出るという場面の動きが思い浮かぶと大丈夫です。

ねじれる おと 5

おてほんを みて みぎに かいたら、おてほんを ていねいに なぞりましょう。なぞった あと、こえを だして よみましょう。

べんきょうしたのは □がつ □にち

おわったら いろぬりしよう

きゅうしょく

きしゃ

おもちゃ

ひょうたん

りょうり

にんぎょ

● おうちの方へ ●

「き・し・ち・に・ひ・み・り・ぎ・じ・ぢ・び・ぴ」の後に小さな「ゃ・ゅ・ょ」をつけて表す音を拗音といいます。子どもたちには「ねじれる音」と教えています。促音と同じようにマスの右上に書きます。ねじれる音のことば集めをしてみましょう。「きょうりゅう」「おちゃ」…など。

【97ページのこたえ】1. 3−2＝1　1だい　2. 5−1＝4　4こ

ひきざん 5

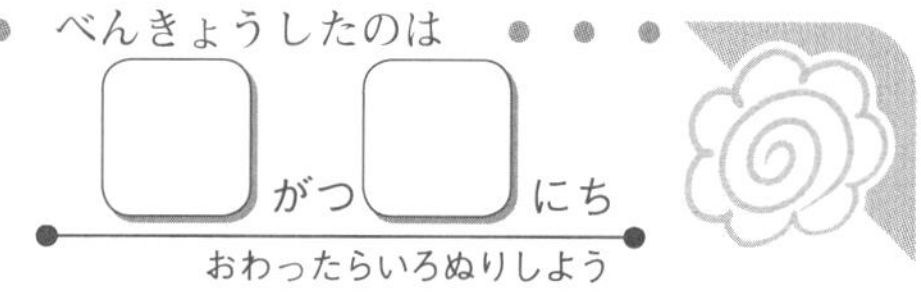

つぎの　ひきざんを　しましょう。

① $2-1=$

② $3-1=$

③ $4-1=$

④ $5-1=$

⑤ $3-2=$

⑥ $4-2=$

⑦ $5-2=$

⑧ $4-3=$

⑨ $5-3=$

⑩ $5-4=$

おうちの方へ

5までの数のひき算を順に全部出しています。答えが正しく書けていたら、何度も読んで覚えるようにさせましょう。

のばす おと 3

べんきょうしたのは □がつ □にち

おてほんを みて みぎに かいたら、おてほんを ていねいに なぞりましょう。なぞった あと、こえを だして よみましょう。

おわったら いろぬりしよう

おばあさん

せんせい

おじいさん

おとうと

くうき

おねえさん

● おうちの方へ ●

ひらがなでのばすとき、ア段であれば「あ」、イ段は「い」、ウ段は「う」、エ段は「え」と表記します。「おねえさん」「ええ」「ねえ」などがあります。オ段は基本的に「う」と表記します。

【99ページのこたえ】①1 ②2 ③3 ④4 ⑤1 ⑥2 ⑦3 ⑧1 ⑨2 ⑩1

ひきざん 6

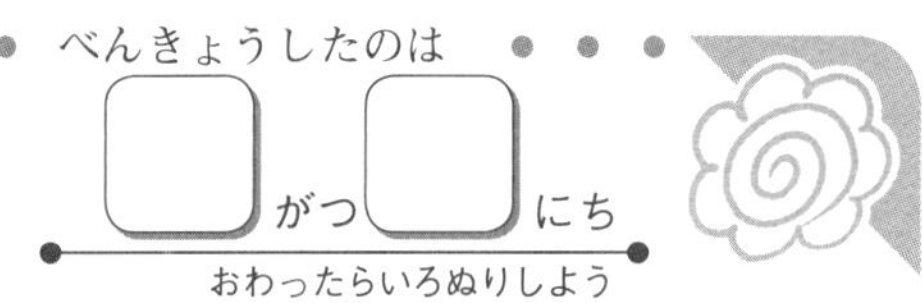

1. あかい　ふうせんが　4こ、しろい　ふうせんが　2こ　あります。ちがいは　なんこに　なりますか。

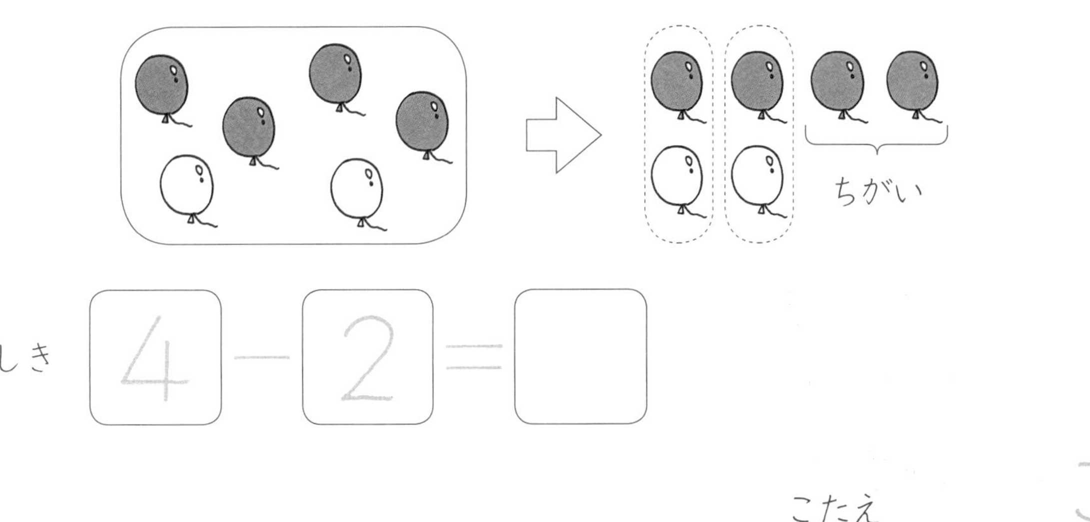

しき　4 − 2 ＝ □

こたえ ＿＿＿＿こ

2. こちらの　すいそうに　きんぎょが　5ひき　います。むこうの　すいそうには　きんぎょが　2ひき　います。ちがいは　なんびき　ですか。

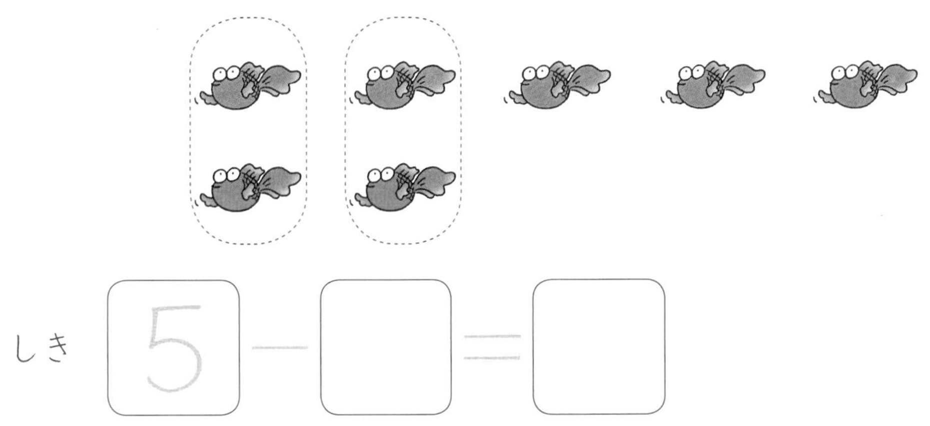

しき　5 − □ ＝ □

こたえ ＿＿＿＿びき

● おうちの方へ ●

このページのひき算は、2つの数の「ちがい（差）」を求める計算です。1組ずつ◌で囲んで、組にならなかったものが答えです。

のばす おと 4

うえは、こえを だして よみましょう。したは、なぞりましょう。なぞった あと、こえを だして よみましょう。

べんきょうしたのは　□がつ　□にち

おわったら いろぬりしよう

とおくの
おおきな
こおりのうえを
おおくの
おおかみ
とおずつ
とおった。

●おうちの方へ●

オ段ののばす音は、ふつう「う」と表記しますが、「お」と書くことばがあります。数が少ないので、覚えてしまいましょう。ほかに「ほのお」「こおろぎ」などがあります。

【101ページのこたえ】1. 4−2=2　2こ　2. 5−2=3　3びき

たいかい

さあさあ！ みなさま
こちらへ　おあつまり
ください！

2

むしたちの　おおぐい　たいかいだよ！　だれが　ゆうしょう　するかな？

みどりいろと　あかいろの　てんを、それぞれ　1から　10まで　じゅんに　つなごう。

①てんとうむし	②ばった	③あり

①～③の　だれが　でたかな？
でてきた　むしが　ゆうしょうだ！

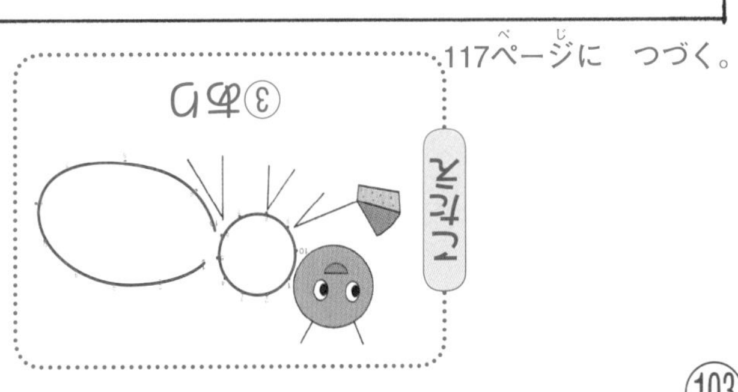

117ページに　つづく。

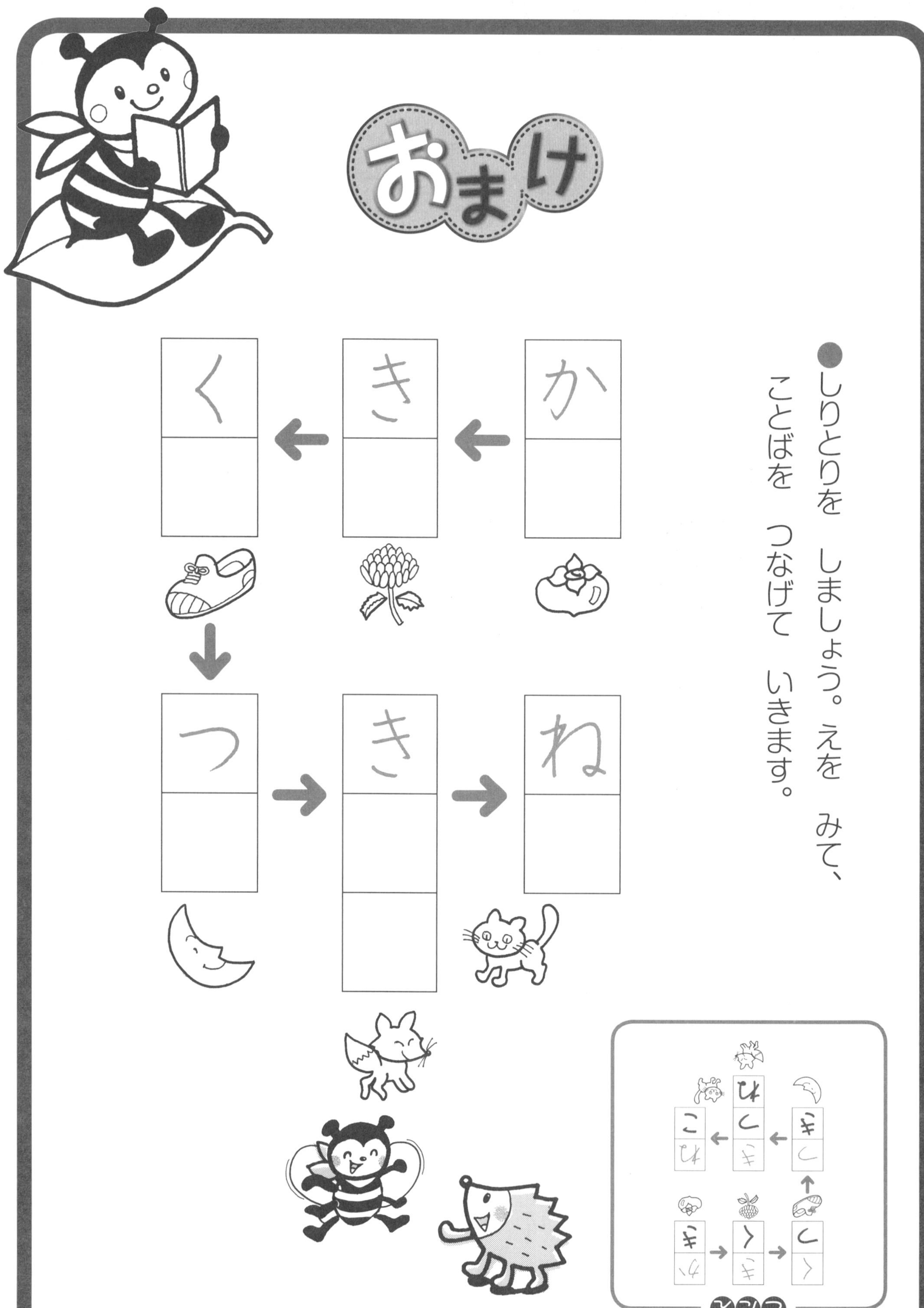
おまけ
しりとりを しましょう。えを みて、
ことばを つなげて いきます。
か
き
く
つ
き
ね

ひきざん 7

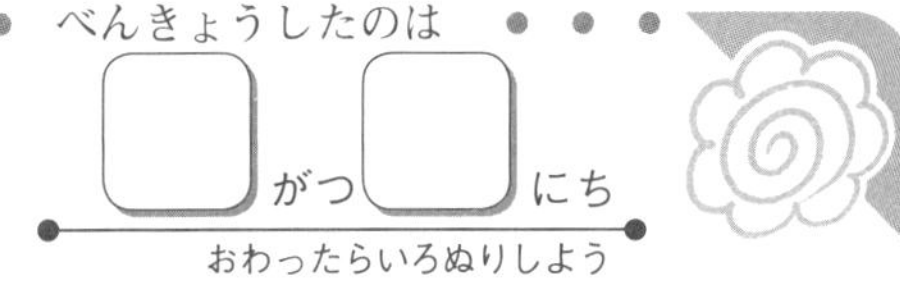

1．げんかんに　くつが　4そく、サンダル(さんだる)が　3ぞく　あります。
くつが　なんぞく　おおいでしょう。

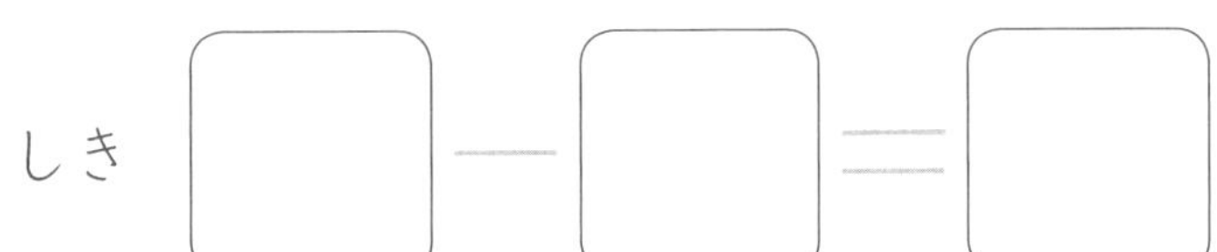

こたえ　□そく　おおい

2．あかい　はなが　5つ　さきました。あおい　はなが　4つ　さきました。
あかい　はなは、あおい　はなより　いくつ　おおいでしょう。

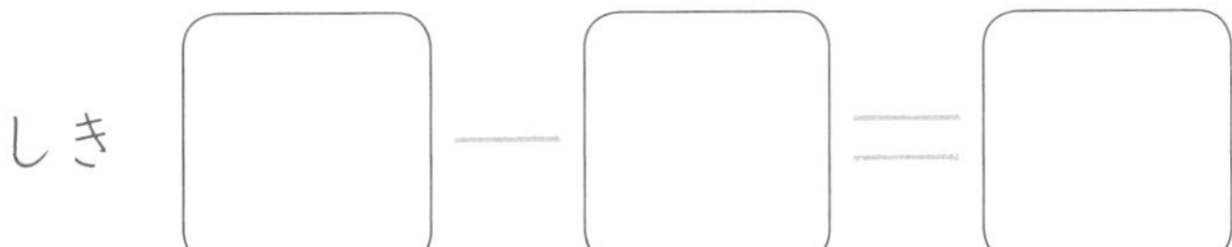

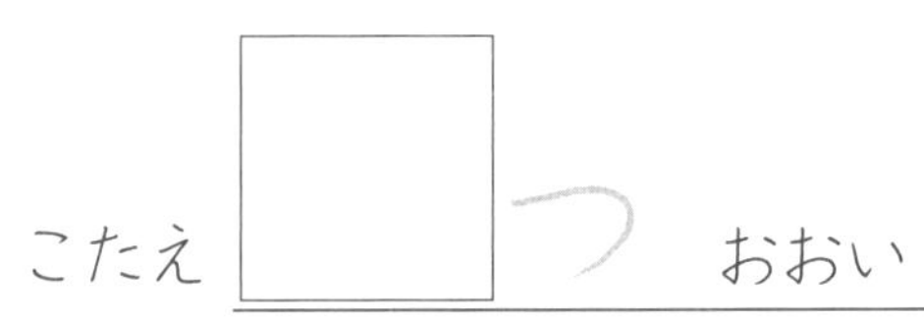

3．つばめが　7わ、すずめが　5わ　いました。つばめは、すずめより　なんわ
おおいでしょう。

しき　□－□＝□

● おうちの方へ ●

このページはどれだけ多いかを問う問題です。101ページより少しむずかしくなっています。

くっつきの「は」1

おてほんを　みて　みぎに　かいたら、おてほんを　ていねいに　なぞりましょう。なぞった　あと、こえを　だして　よみましょう。

べんきょうしたのは　□がつ　□にち

わたしは、わらいます。

きょうは、はれです。

ぼくは、はがわるい。

おわったら　いろぬりしよう

● おうちの方へ ●

ことばにくっついて「ワ」と発音するときは、「は」と書きます。これを「くっつきの“は”」といいます。くっつきの「は」とことばの中の「わ」「は」とを混同しないようにしましょう。

【105ページのこたえ】1．4－3＝1　1そく　2．5－4＝1　1つ　3．7－5＝2　2わ

ひきざん 8

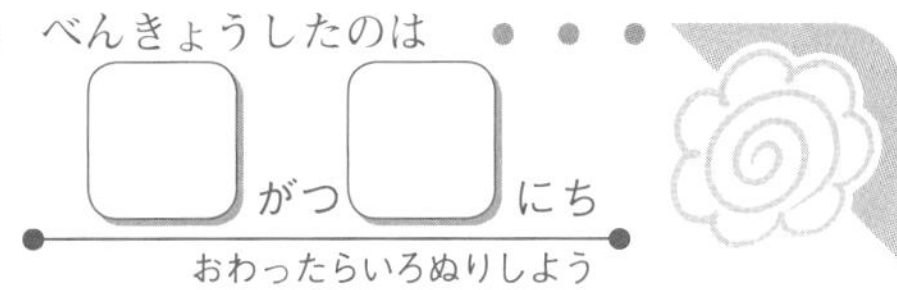

1. くわがたむしを　8ひき、かぶとむしを　6ぴき　かって　います。
どちらが　なんびき　おおいですか。

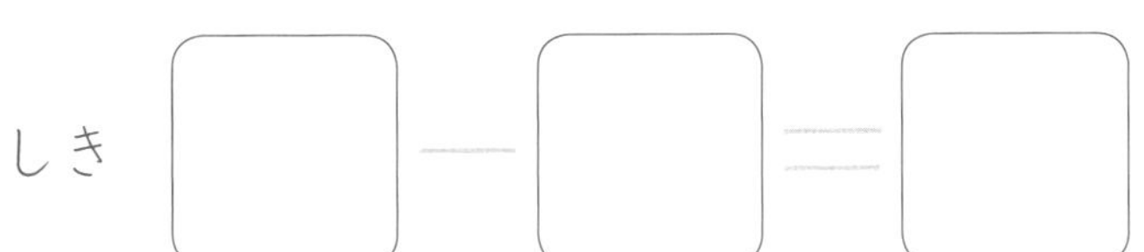

しき　□－□＝□

こたえ　□が□ひき　おおい

2. あおい　いろがみが　9まい、みどりの　いろがみが　5まい　あります。
どちらが　なんまい　おおいですか。

しき

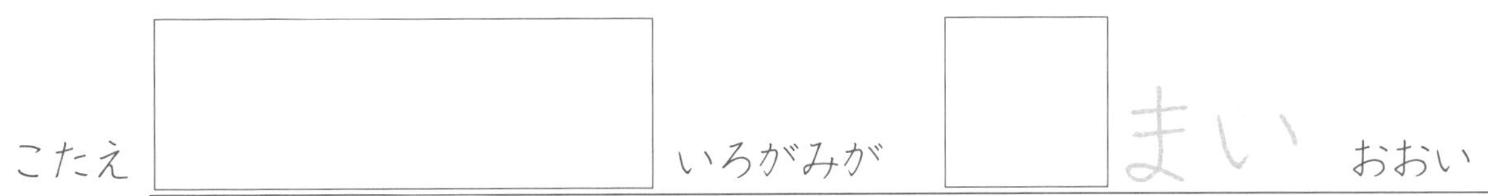

こたえ　□いろがみが□まい　おおい

● おうちの方へ ●

「ちがい」を求めるひき算が、「どちらがいくつ多いか」という問いかけになり、いちだんとむずかしくなっています。「○が△多い」という言い方に慣れさせましょう。

くっつきの「は」2

おてほんを みて みぎに かいたら、おてほんを ていねいに なぞりましょう。なぞった あと、こえを だして よみましょう。

べんきょうしたのは □がつ □にち

はっぱは、きれいです。

はねは、やわらかい。

いぬは、たろうです。

おわったら いろぬりしよう

おうちの方へ 

「こんにちわ」というまちがいがよくあります。くっつきの「は」と混同して「やはらかい」と書きまちがう子も多いです。

【107ページのこたえ】1. 8−6＝2 くわがたが 2ひき おおい
2. 9−5＝4 あおい いろがみが 4まい おおい

ひきざん 9

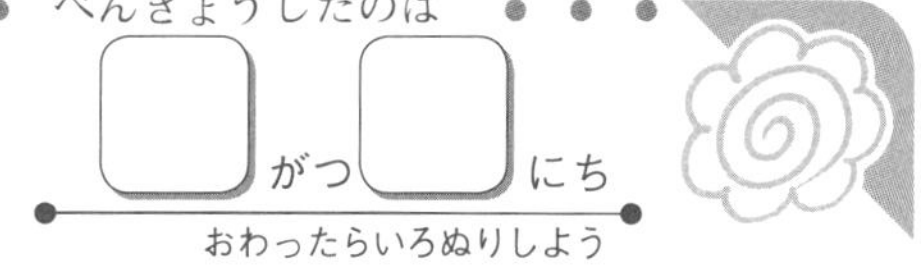

つぎの　ひきざんを　しましょう。

① $6-1=$

② $6-2=$

③ $6-3=$

④ $7-2=$

⑤ $7-3=$

⑥ $7-4=$

⑦ $8-3=$

⑧ $8-4=$

⑨ $8-5=$

⑩ $9-6=$

⑪ $9-7=$

⑫ $9-8=$

おうちの方へ

ひかれる数が5より大きい数のひき算の練習です。3つずつ順に出題しています。

くっつきの「を」1

べんきょうしたのは　□がつ　□にち

おてほんを　みて　みぎに　かいたら、おてほんを　ていねいに　なぞりましょう。なぞった　あと、こえを　だして　よみましょう。

かおを　あらいました。

おにを　おいはらう。

おかしを　たべました。

おわったら　いろぬりしよう

● おうちの方へ ●

ことばの後ろにくっつくときは、「を」と書いて「オ」と発音します。これを「くっつきの“を”」といいます。

【109ページのこたえ】①5　②4　③3　④5　⑤4　⑥3　⑦5　⑧4　⑨3　⑩3　⑪2　⑫1

ひきざん 10

つぎの　ひきざんを　しましょう。

① 6－4＝

② 7－1＝

③ 8－7＝

④ 9－1＝

⑤ 7－6＝

⑥ 8－1＝

⑦ 9－4＝

⑧ 7－5＝

⑨ 9－2＝

⑩ 6－5＝

⑪ 8－2＝

⑫ 9－3＝

おうちの方へ

このページは、ひき算をバラバラに出題しています。107ページの文章題も含めて一位数どうしのひき算で、ひかれる数が6以上のひき算を全部出題しています。学校の計算カードを使うなどして何度も練習させましょう。

くっつきの「を」2

おてほんを みて みぎに かいたら、おてほんを ていねいに なぞりましょう。なぞった あと、こえを だして よみましょう。

べんきょうしたのは □がつ □にち

しおを まきます。

おりがみを おります。

つりざおを おく。

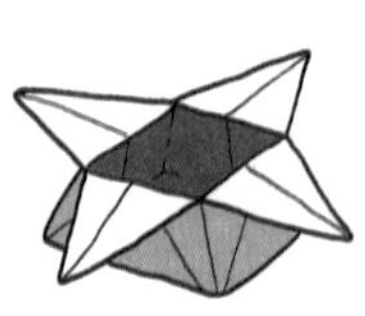

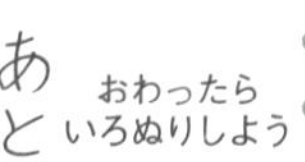

親子で、「○○を〜する」という短文を作って言い合う、交互に書くなどやってみましょう。

【111ページのこたえ】①2 ②6 ③1 ④8 ⑤1 ⑥7 ⑦5 ⑧2 ⑨7 ⑩1 ⑪6 ⑫6

ひきざん 11

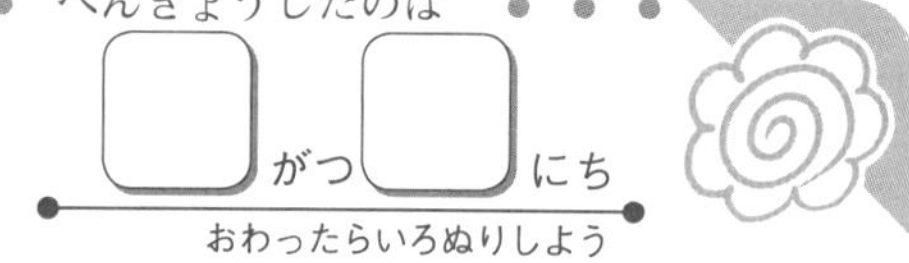

つぎの　ひきざんを　しましょう。

①

$3 - 1 = \square$

②

$3 - 2 = \square$

③ 3きれ
たべます。

$3 - 3 = \square$

④ いま
ほしくない。

$3 - 0 = \square$

⑤ $4 - 4 = \square$　⑥ $4 - 0 = \square$

おうちの方へ

今ある数を全部ひくと残りは「0」になります。これはわかりやすいです。現実世界では「ひかない」ことを、算数では④のように「－0」（ひく0）と表します。

くっつきの「へ」1

おてほんを みて みぎに かいたら、おてほんを ていねいに なぞりましょう。なぞった あと、こえを だして よみましょう。

べんきょうしたのは　がつ　にち

いえへ かえります。

がっこうへ いきます。

えきへ むかいます。

おわったら いろぬりしよう

● おうちの方へ ●

「へ」もことばの後ろにくっつくときは「へ」と書いて「エ」と発音します。これを「くっつきの“へ”」といいます。

【113ページのこたえ】①2 ②1 ③0 ④3 ⑤0 ⑥4

ひきざん 12

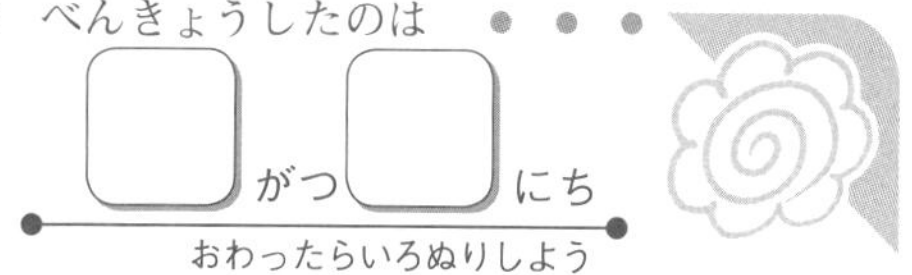

つぎの　ひきざんを　しましょう。

① 1－1＝

② 2－2＝

③ 5－5＝

④ 6－6＝

⑤ 7－7＝

⑥ 8－8＝

⑦ 9－9＝

⑧ 1－0＝

⑨ 2－0＝

⑩ 5－0＝

⑪ 6－0＝

⑫ 7－0＝

⑬ 8－0＝

⑭ 9－0＝

おうちの方へ

0をひいたり、ひいて0になる計算は、一度納得したら忘れない計算です。あわてないで、確かめながらやらせましょう。

くっつきの「へ」2

おてほんを　みて　みぎに　かいたら、おてほんを　ていねいに　なぞりましょう。なぞった　あと、こえを　だして　よみましょう。

べんきょうしたのは

おわったら
いろぬりしよう

こうえんへ
いきます。

まえへ
すすみます。

ようちえんへ
いった。

おうちの方へ

１行日記を書くと、「くっつきのことば」「ながいおと」「ねじれるおと」「つまるおと」などを使い慣れることができます。（例）「ぼくは　おとうさんと　でんしゃに　のって　おじいちゃんの　いえへ　いきました。」

【115ページのこたえ】①0　②0　③0　④0　⑤0　⑥0　⑦0　⑧1　⑨2　⑩5　⑪6　⑫7　⑬8　⑭9

あわせて　10に　なる　すうじを　つないで、まいごたちの　おかあさんを さがして　あげよう。

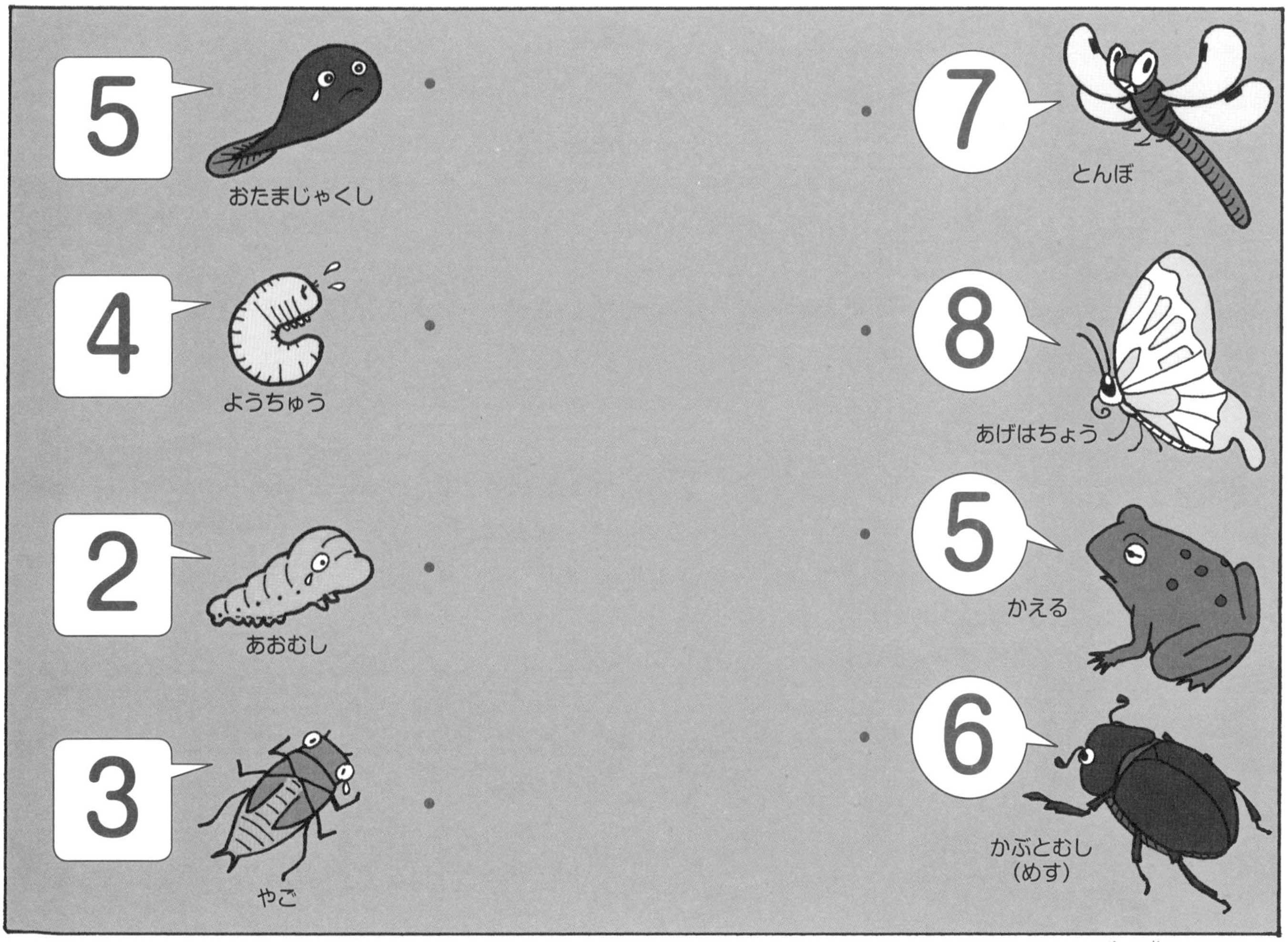

5 おたまじゃくし	7 とんぼ
4 ようちゅう	8 あげはちょう
2 あおむし	5 かえる
3 やご	6 かぶとむし（めす）

131ページに　つづく。

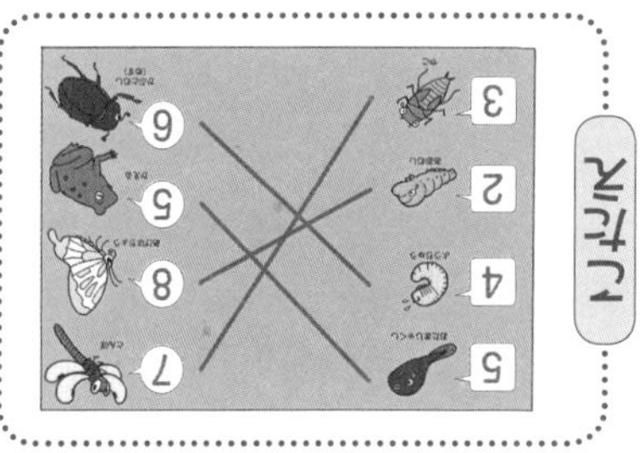

●□の　なかに、ひらがなを　かきましょう。

は	な	た	②	か	あ
ひ	に	ち	し	き	い
④	ぬ	つ	す	く	う
へ	③	て	せ	け	①
ほ	の	と	そ	こ	お
	ん	わ	ら	や	ま
		(い)	り	(い)	み
		(う)	る	ゆ	⑤
		(え)	⑥	(え)	め
		⑦	ろ	よ	も

こたえ

①そ　②さ　③ね
④ふ　⑤む　⑥れ
⑦を

ひきざん 13

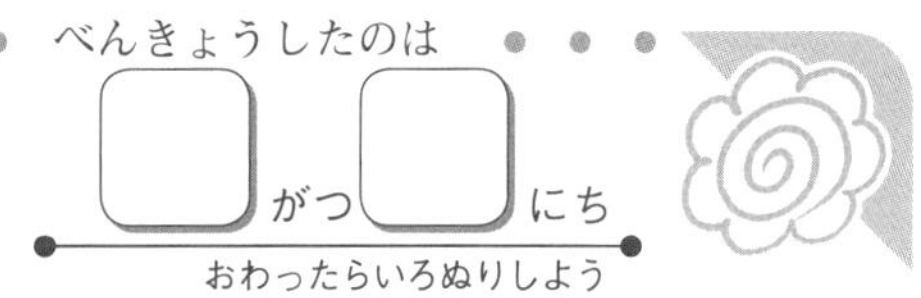

1. きのう、はなが　4ほん　さいて　いました。きょう、4ほん　かれました。
いま、なんぼん　さいて　いるでしょう。

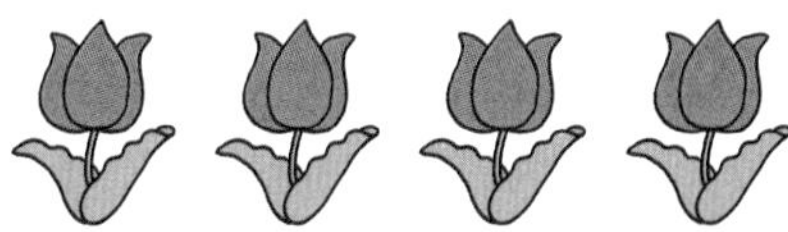

しき

2. うめぼしの　おにぎりが　7こ、こんぶの　おにぎりが　5こ　あります。
ちがいは　なんこでしょう。

しき

こたえ ＿＿＿＿＿＿

3. たまごが　9こ　あります。そのうち、ゆでた　たまごが　4こです。
なまの　たまごは　なんこでしょう。

しき

こたえ ＿＿＿＿＿＿

● おうちの方へ ●

「ひきざん13・14」は、「残りを求めるひき算」と「ちがいを求めるひき算」を混ぜて出題しています。どちらもひき算になることがわかっているでしょうか。

「、」「。」の つかいかた

おてほんを みて みぎに かいたら、おてほんを ていねいに なぞりましょう。なぞった あと、こえを だして よみましょう。

べんきょうしたのは

がつ

にち

おわったら いろぬりしよう

いぬが、ほえました。

ぴょんと、とびます。

ひまわりが、さいたよ。

● おうちの方へ  ●

文の終わりには「。」をつけます。文の終わりが一番下のマスにきたときは「。」と文字を一マスに書きます。一番上のマスに「。」は書きません。

【119ページのこたえ】1. 4－4＝0 0ほん 2. 7－5＝2 2こ 3. 9－4＝5 5こ

ひきざん 14

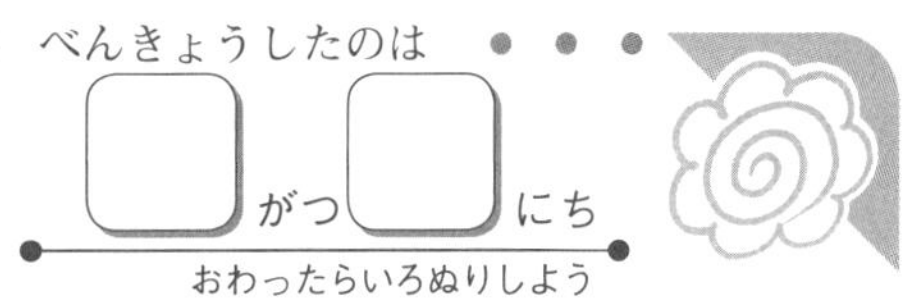

1. ほんが　8さつ　あります。5さつ　よみました。まだ　よんで　いない　ほんは　なんさつですか。

しき

こたえ ＿＿＿＿＿＿＿＿

2. りんごが　6こ、みかんが　4こ　あります。どちらが　なんこ　おおいですか。

しき

こたえ ＿＿＿＿＿＿＿＿

3. ぎゅうにゅうが　7ほん、ジュース（じゅうす）が　4ほん　あります。どちらが　なんぼん　おおいですか。

しき

こたえ ＿＿＿＿＿＿＿＿

● おうちの方へ ●

絵によるヒントがありません。また、「どちらがいくつおおい」という問いですので、むずかしくなっています。

【122ページのこたえ】①いち・ひと　②に・ふた　③さん・みっ　④し・よっ　⑤ご・いつ　⑥ろく・むっ
⑦しち・なな　⑧はち・やっ　⑨く・きゅう・ここの　⑩じゅう・じっ・とお　⑪にち・ひ
⑫げつ・つき　⑬か・ひ　⑭すい・みず　⑮もく・き　⑯きん・かね　⑰ど・つち

かんじ 1

かきじゅんに　きを　つけて　かんじを　なぞり、（　）に　よみかたを　かきましょう。

べんきょうしたのは　□がつ　□にち

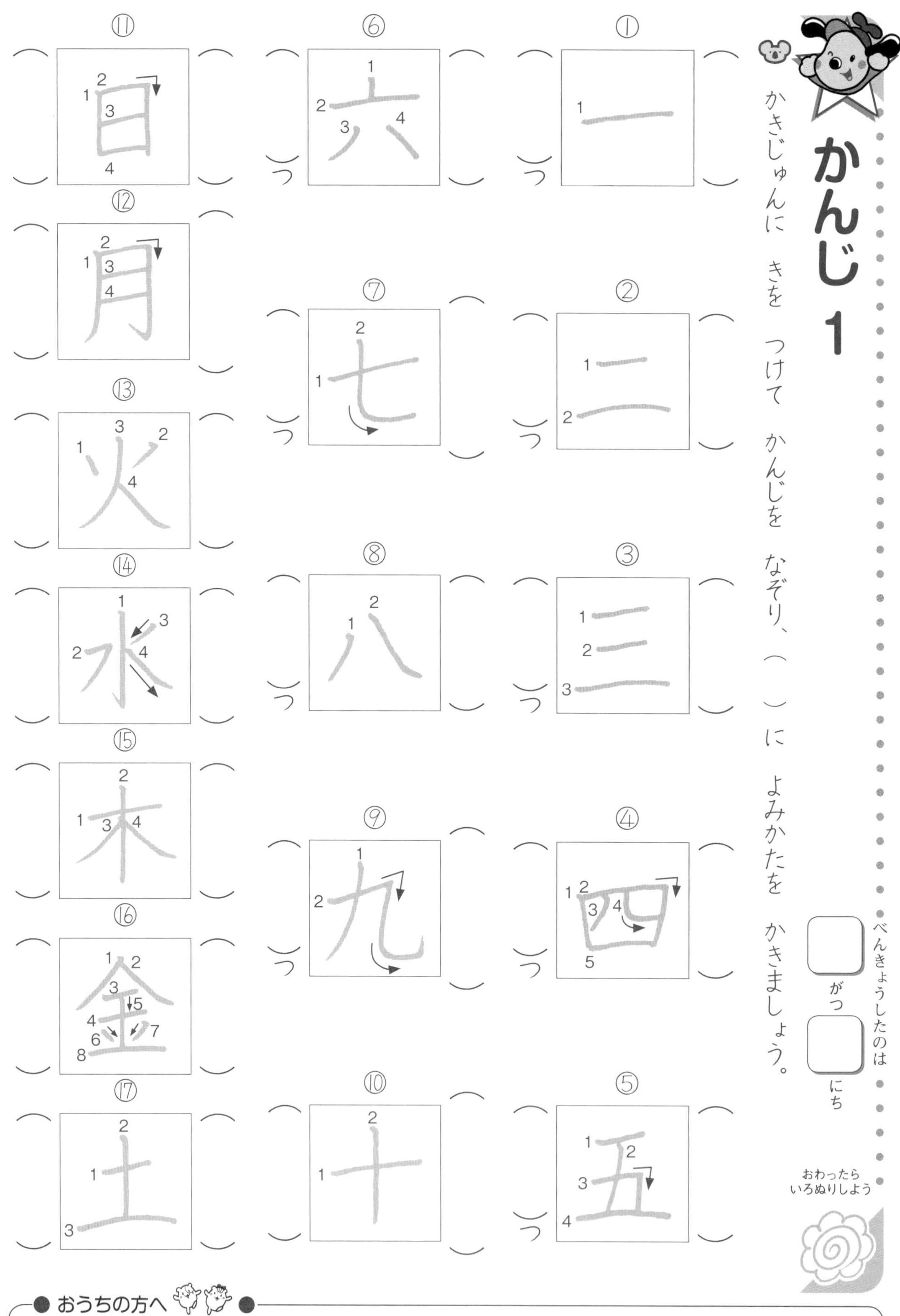

おわったら　いろぬりしよう

● おうちの方へ ●

１年生では80字の漢字を学習します。「六」の４画目は止めます。「八」の２画目ははらいます。「金」の書き順に気をつけましょう。「一」から「十」までの読み方にも慣れましょう。

【121ページのこたえ】１．８−５＝３　３さつ　２．６−４＝２　りんごが　２こ　おおい
３．７−４＝３　ぎゅうにゅうが　３ぼん　おおい

ひきざん 15

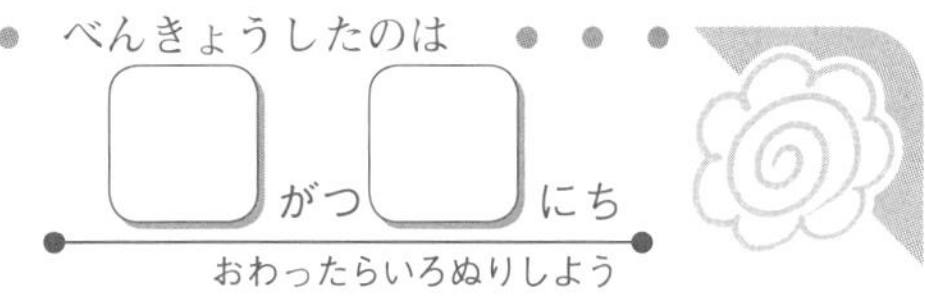

つぎの　ひきざんを　しましょう。あいに　はいる　かずを　かきましょう。

①

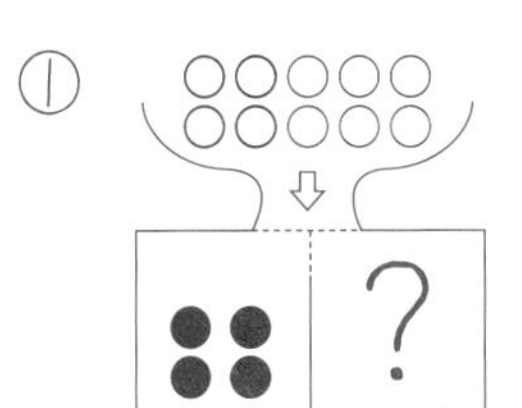

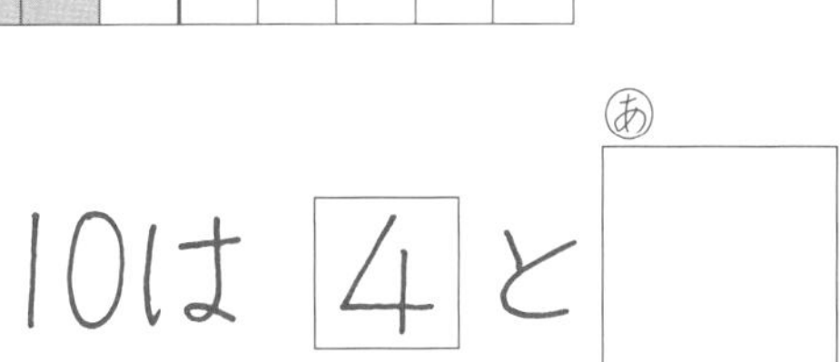

10は 4 と あ□

10－4＝ い□

②

10は 9 と あ□

10－9＝ い□

③

10は 5 と あ□

10－5＝ い□

10のひき算をきちんとできることが、くり下がりのひき算をするときに役立ちます。

【124ページのこたえ】①一 ②二 ③三 ④四 ⑤五 ⑥六 ⑦七 ⑧八 ⑨九 ⑩十 ⑪日 ⑫月 ⑬火 ⑭水 ⑮木 ⑯金 ⑰土

かんじ 2

□の なかに かんじを かきましょう。

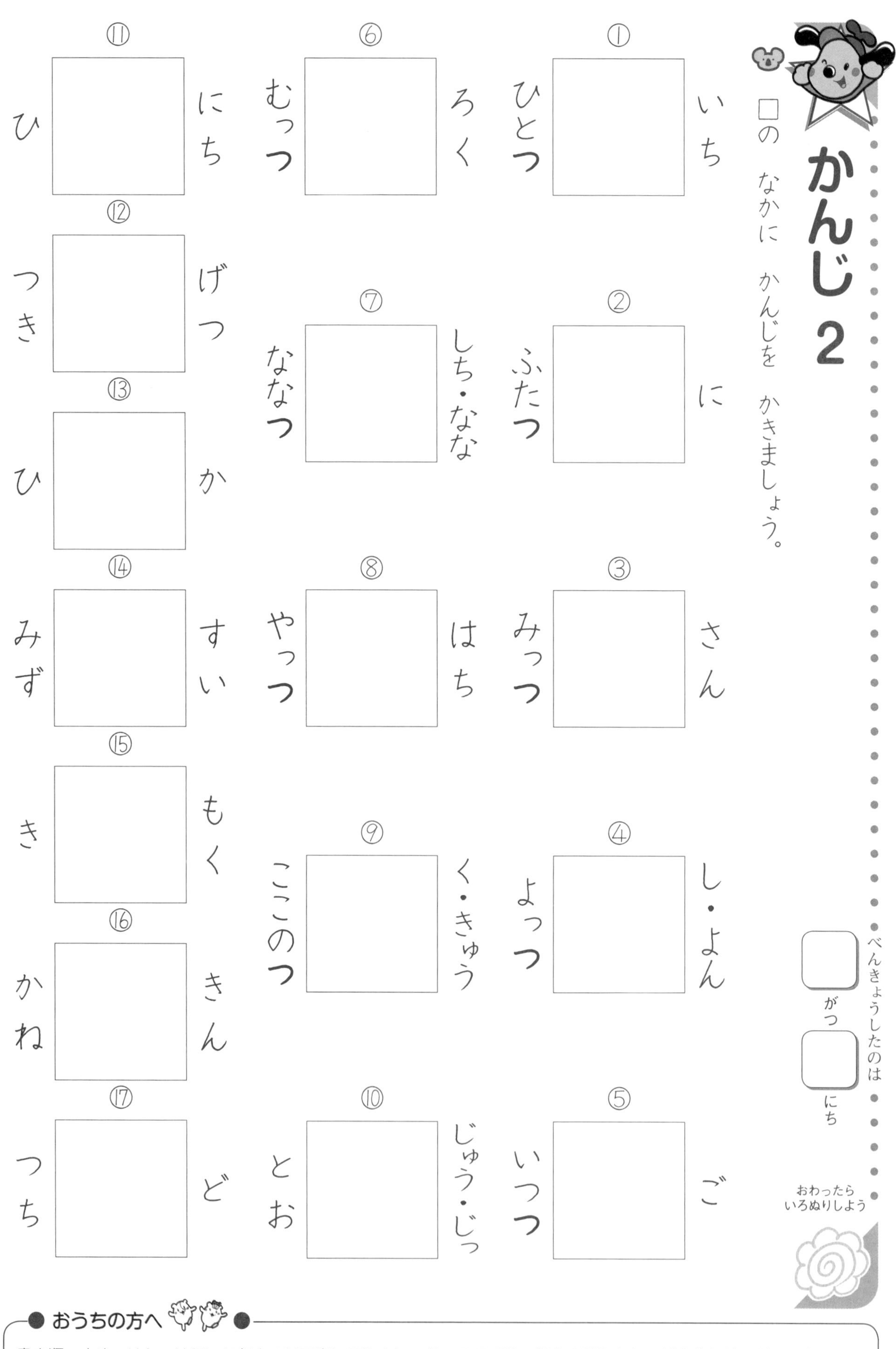

べんきょうしたのは □がつ □にち

おわったら いろぬりしよう

おうちの方へ

書き順、止め、はね、はらいに気をつけて書いてみましょう。ここでは、漢字の導入として基本的な読みだけを書いています。

【123ページのこたえ】①あ6 い6 ②あ1 い1 ③あ5 い5

ひきざん 16

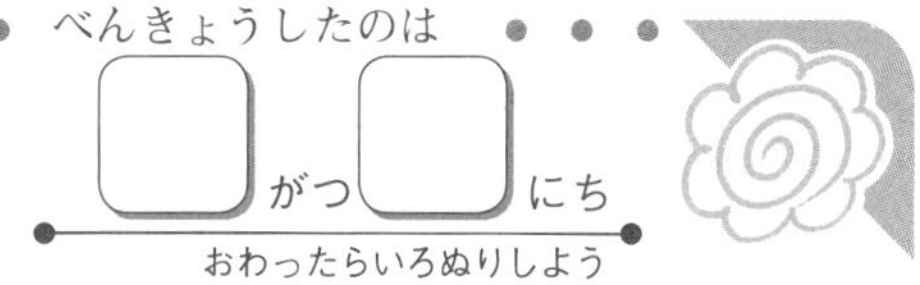

つぎの　ひきざんを　しましょう。あいに　はいる　かずを　かきましょう。

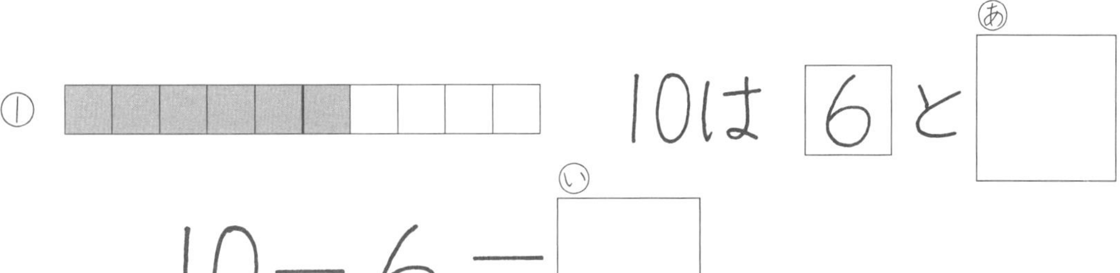

10－6＝い

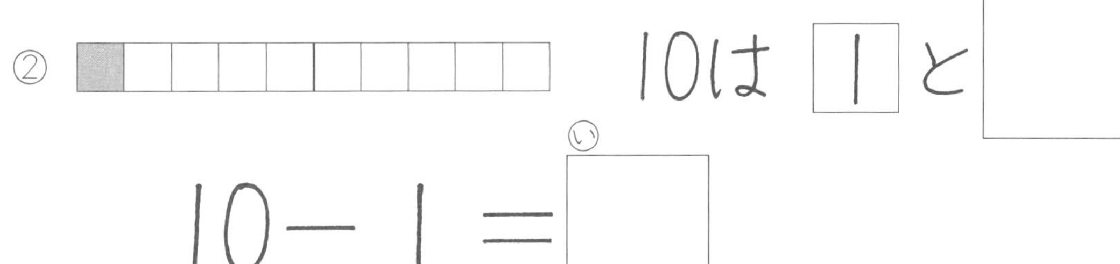

10－1＝い

③

10	
3	あ

10－3＝い

④

10	
7	あ

10－7＝い

⑤

10	
8	あ

10－8＝い

おうちの方へ

「10を　つくろう１～５」のページで、たくさん練習しています。「ひきざん15・16」がわかりにくいようでしたら、そこにもどって復習させてください。

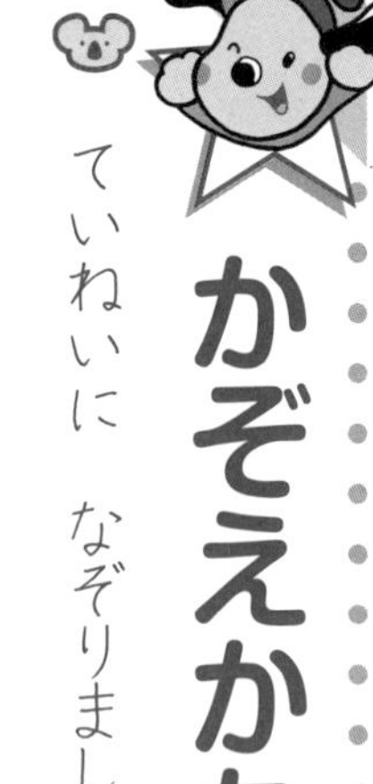

かぞえかた

ていねいに なぞりましょう。十（じゅう）まで つづけて いってみましょう。

ひ	一	一	一	一	一
と	ぴ	こ	つ	ぽ	ま
り	き			ん	い
ふ	二	二	二	二	二
た	ひ	こ	つ	ほ	ま
り	き			ん	い
三	三	三	三	三	三
に	び	こ	つ	ぼ	ま
ん	き			ん	い

べんきょうしたのは

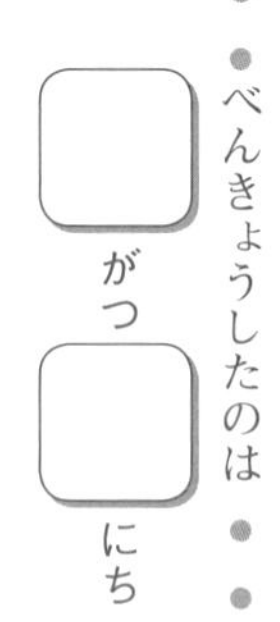

がつ にち

おわったら いろぬりしよう

おうちの方へ

ものによって数え方が決まっています。また、同じものでも数によっては「ほん」「ぼん」「ぽん」などと言い方が変わります。

【125ページのこたえ】①あ4 い4 ②あ9 い9 ③あ7 い7 ④あ3 い3 ⑤あ2 い2

たしざん・ひきざん 1

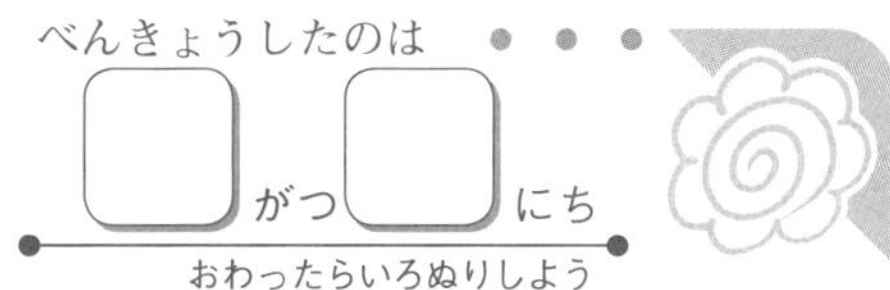

たしざんの　おはなしには　あか、ひきざんの　おはなしには　あおを　○に
ぬりましょう。

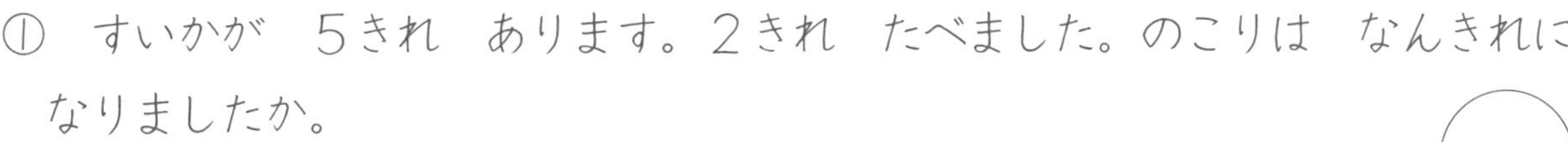

① すいかが　5きれ　あります。2きれ　たべました。のこりは　なんきれに
なりましたか。

② にわに　シャツを　6まい　ほして　います。ベランダに　シャツを　3まい
ほして　います。シャツは、あわせて　なんまい　ほして　あるでしょう。

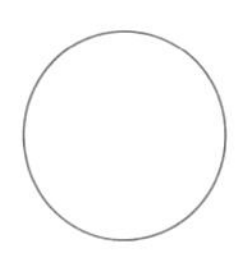

③ シャツが　9まい、スカートが　7まい　あります。シャツは
スカートより　なんまい　おおいですか。

おうちの方へ

たし算の問題とひき算の問題を混ぜています。「のこり」「なんまいおおい」「あわせて」などの「キーワード」に気づくと理解できるでしょう。

「、」の つけかた

「、」の つけかたに きを つけて、なぞりましょう。なぞった あと、こえを だして よみましょう。

べんきょうしたのは　□がつ　□にち

おわったら いろぬりしよう

①

ここで、はきものをぬぎましょう。

ここでは、きものをぬぎましょう。

②

ここで、はねないこと。

ここでは、ねないこと。

③

ぼくは、しらないよ。

ぼく、はしらないよ。

おうちの方へ

「、」をつける場所で、文の意味が違ってきます。「、」のところで間をとって、意味を考えながら読みましょう。

【127ページのこたえ】
① （のこりを　もとめるから　ひきざん）あお
② （2つを　あわせて　いるから　たしざん）あか
③ （どちらが　いくつ　おおいか　もとめるから　ひきざん）あお

たしざん・ひきざん 2

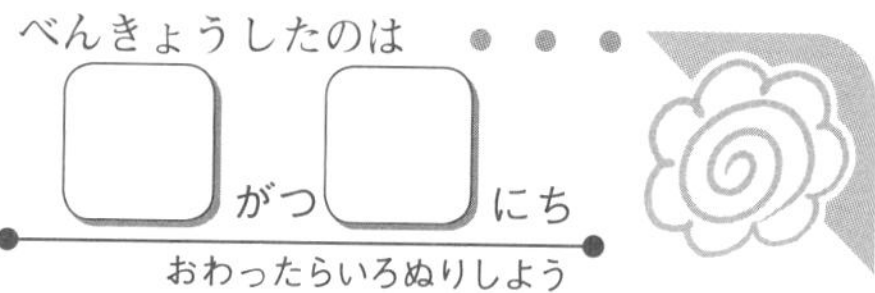

たしざんの　おはなしには　あか、ひきざんの　おはなしには　あおを　○に
ぬりましょう。

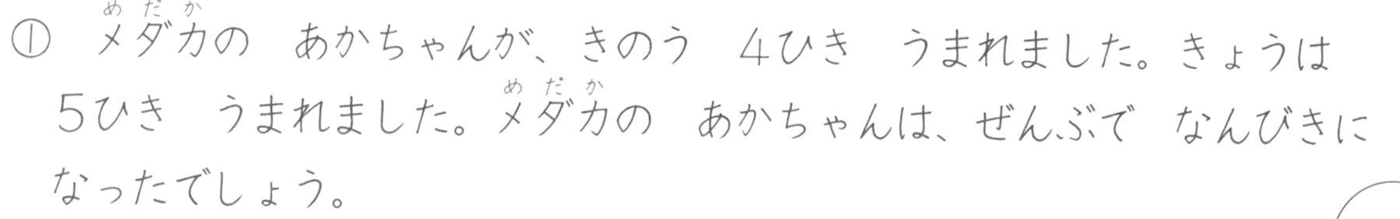

① メダカの　あかちゃんが、きのう　4ひき　うまれました。きょうは
5ひき　うまれました。メダカの　あかちゃんは、ぜんぶで　なんびきに
なったでしょう。

② シャツを　10まい　ほしました。かわいたので　7まい　とりこみました。
いま　ほして　いる　シャツは　なんまいですか。

③ こどもが　ふかい　プールで　3にん、あさい　プールで　6にん
あそんで　います。みんなで　なんにんいますか。

おうちの方へ

文章題を何算を使って解くか（演算決定）ができることがとても大事です。たし算の勉強のときはたし算をしておけばいいというのではなく、127、129ページでは、たし算かひき算かをゆっくり考えさせてください。

ひらがな まとめ 1

くっつきの 「は」「へ」「を」に きを つけて よみましょう。おてほんの みぎに ていねいに うつしましょう。

べんきょうしたのは　　がつ　　にち

おわったら いろぬりしよう

わたしはいえへかえっ

たら、てをあらい、それ

からおやつをたべます。

● おうちの方へ ●

一年生は、まず、ひらがなの読み書きを学習します。くっつきの「は・へ・を」があると、読むときにちょっと止まったり、書くときにまちがったりします。くっつきの「は・へ・を」を意識させながら、読み書きさせましょう。

【129ページのこたえ】①（つけたして　ぜんぶを　もとめるから　たしざん）あか
②（とりこんで　のこりを　もとめるから　ひきざん）あお
③（あわせて　みんなを　もとめるから　たしざん）あか

まよいのもり へん

まいごの　みんなを　みてたら、ぼく、なんだか　おうちに　かえりたく　なっちゃった…。

よし、くもに　つかまらないように　はじめの　きの　ところまで　もどろう。

たしざんの　こたえが　おおきい　ほうを　とおって、くもの　すを　ぬけよう！

こたえ

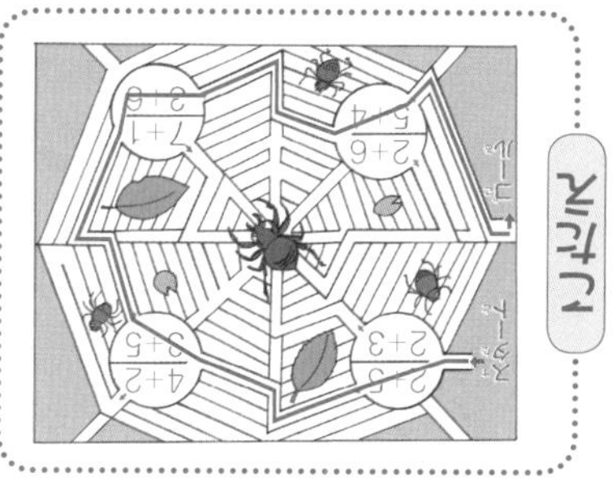

●しりとりあそびを　しましょう。□に　もじを　いれましょう。

えんぴつ

□みき

□つ□

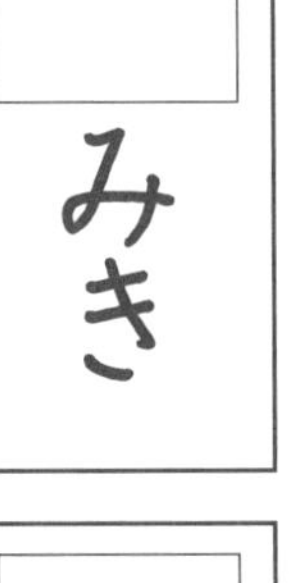

ね□□

つづけてみましょう

つづけてみましょう

★えを　かきたい　ひとは　となりに　かいてみよう！

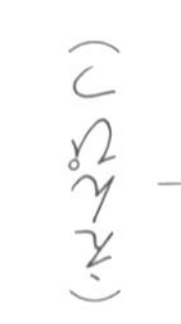

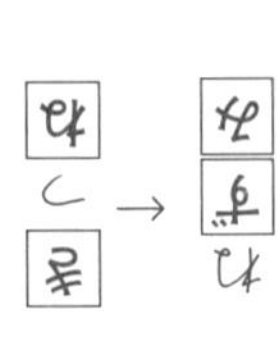

答え

（えんぴつ）→ つみき → きつね → ねずみ

たしざん・ひきざん 3

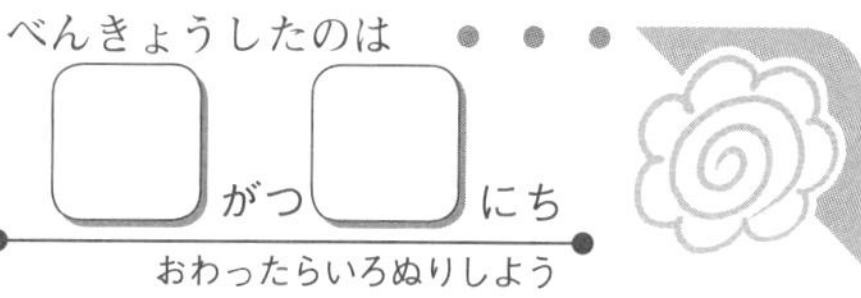

1. わたしは、ふうせんを　3こ　もって　います。おねえさんは、4こ　もって　います。あわせて　なんこの　ふうせんが　ありますか。

しき

2. ふうせんが　8こ　ありましたが、2こ　われて　しまいました。ふうせんは　なんこに　なりましたか。

しき

3. サッカーで　ぜんはんに　2てん　いれました。こうはんに　3てん　いれました。あわせて　なんてん　いれましたか。

しき

こたえ

おうちの方へ

このページからは、式を立てて計算をします。わかっている数が2つ、それをどうするかが問題に出されています。それらをしっかり読み取らせましょう。

ひらがな まとめ２

ねじれる おとや、つまる おとに きを つけて よみましょう。おてほんの みぎに ていねいに うつしましょう。

べんきょうしたのは □がつ □にち

おわったら いろぬりしよう

ぼくは、きゅうしょく
で、ぎゅうにゅうをいっ
ぽんのみました。

おうちの方へ

ねじれる音（小さな「ゃ・ゅ・ょ」）やつまる音（小さな「っ」）を、大きな字で書かれているように読む子がときどきいます。耳でしっかり聞き、文字と対応させるようにしてください。

【133ページのこたえ】1．3＋4＝7　7こ　2．8－2＝6　6こ　3．2＋3＝5　5てん

たしざん・ひきざん 4

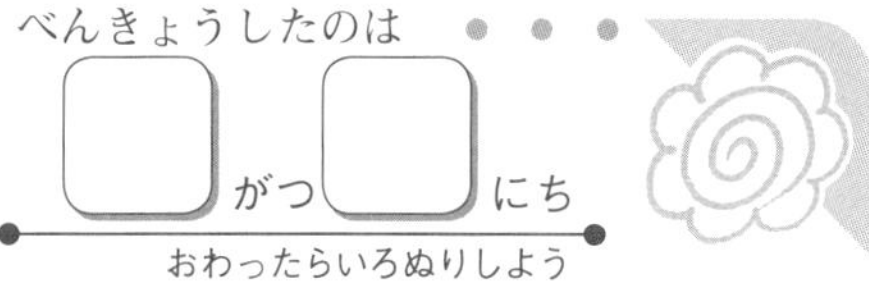

つぎの　けいさんを　しましょう。

① 1＋3＝

② 4＋2＝

③ 5＋3＝

④ 6＋1＝

⑤ 7＋2＝

⑥ 4−1＝

⑦ 7−3＝

⑧ 9−4＝

⑨ 6−2＝

⑩ 8−7＝

おうちの方へ

このページから、たし算とひき算を混ぜて出題します。⑥からひき算になるので気をつけさせましょう。

【136ページのこたえ】②あ・か・さ・た・な・は・ま・や・ら・わ・ん
③お・こ・そ・と・の・ほ・も・よ・ろ・を

ひらがな まとめ 3

おわったら いろぬりしよう

〔ひらがな50おんず〕

ん	わ	ら	や	ま	は	な	た	さ	か	あ
	(い)	り	(い)	み	ひ	に	ち	し	き	い
	(う)	る	ゆ	む	ふ	ぬ	つ	す	く	う
	(え)	れ	(え)	め	へ	ね	て	せ	け	え
	を	ろ	よ	も	ほ	の	と	そ	こ	お

① うえの 50おんずを じゅんばんに なんども よんで おぼえましょう。

② 50おんずの 一(いち)ばん うえの だんを じゅんに かきましょう。

③ 50おんずの 一(いち)ばん したの だんを じゅんに かきましょう。

● おうちの方へ ●

ひらがなの学習は、50音順でなく、書きやすい順に指導する教科書が多いです。ひらがなを全部学習したあとは、50音を「あ」から「ん」まで順に覚えさせましょう。また、ア段（列）、イ段（列）…オ段を順に読ませ、母音の感覚をつかませましょう。

【135ページのこたえ】①4 ②6 ③8 ④7 ⑤9 ⑥3 ⑦4 ⑧5 ⑨4 ⑩1

まとめの てすと 1

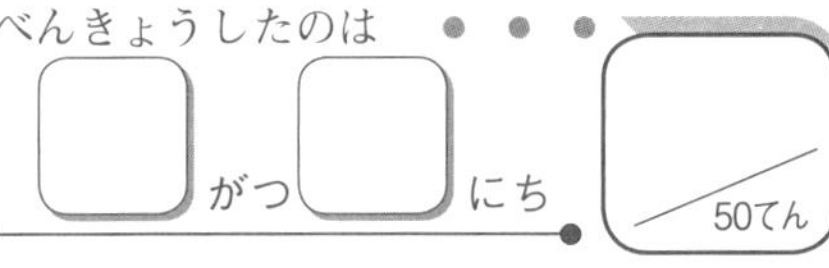

(1) ただしい かきかたは どちらでしょう。ただしい ほうに ○を かきましょう。 (20てん) 1つ5てん

(　)(　)　(　)(　)　(　)(　)　(　)(　)

(2) あめは いくつでしょう。すうじを かきましょう。 (10てん) 1つ5てん

① 

(　　)

②

(　　)

(3) じゅんに なるように、□に かずを かきましょう。 (10てん) 1つ5てん

① 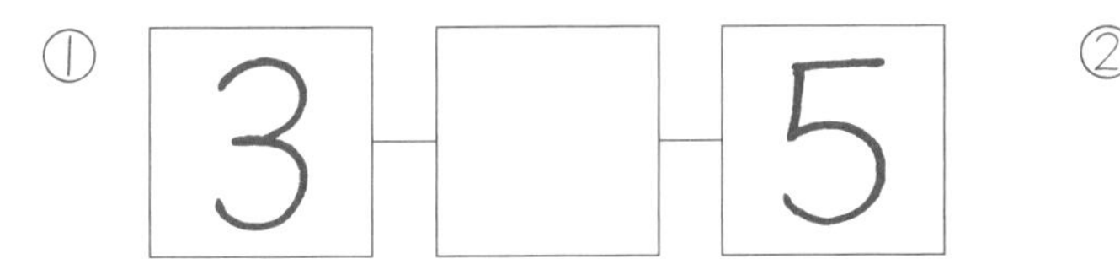

② 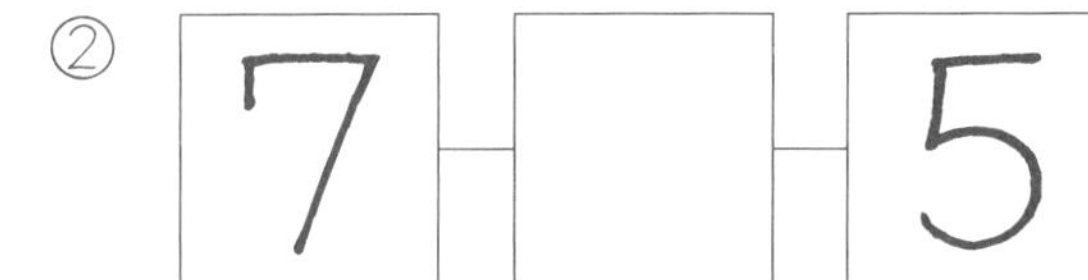

(4) しろい チューリップの はなが 3ぼん さいて います。あかい チューリップの はなが 2ほん さいて います。 チューリップの はなは、あわせて なんぼん さいて いるでしょう。 (10てん)

しき

こたえ ＿＿＿＿＿＿

まとめの てすと 1

べんきょうしたのは　がつ　にち

えに あう ことばを かきましょう。（50てん）一つ5てん

①ぞ

②は

③か

④き

⑤い

⑥し

⑦ち

⑧き

⑨き

⑩か

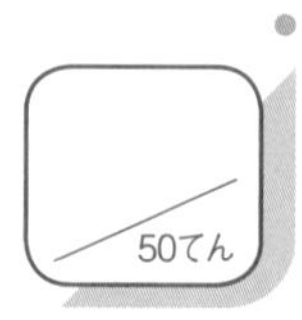

こたえは 144ページ

50てん

まとめの てすと 2

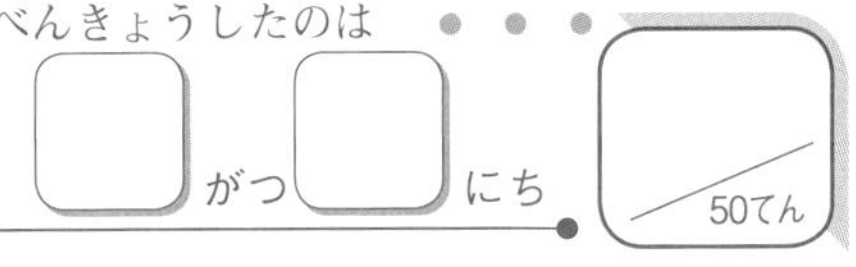

つぎの　たしざんを　しましょう。　(50てん) 1つ5てん

① 1 + 5 = □

② 2 + 6 = □

③ 4 + 4 = □

④ 3 + 3 = □

⑤ 6 + 2 = □

⑥ 5 + 4 = □

⑦ 8 + 1 = □

⑧ 7 + 2 = □

⑨ 3 + 5 = □

⑩ 1 + 7 = □

まとめの てすと 2

こたえは 144ページ

べんきょうしたのは　がつ　にち

50てん

(1) えを みて、ただしい ほうを ◯で かこみましょう。　(15てん)一つ5てん

① 
じてんしや
じてんしゃ

② 
ねこ
ねっこ

③ 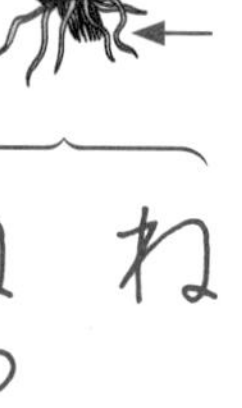
びょういん
びょうういん

(2) つぎの ことばには、ちいさく かく 「っ」が ありません。ただしい ところに 「っ」を かきましょう。　(15てん)一つ5てん

① ろけと 

② がこう 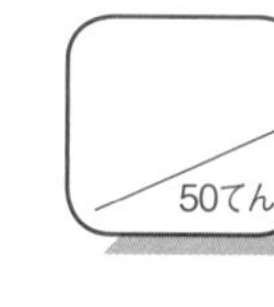

③ にらめこ

(3) □に ただしい ひらがなを したの ﹇　﹈から えらんで かきましょう。　(20てん)一つ5てん

① おと□さん ﹇お　う﹈ 

② おね□さん ﹇え　い﹈

③ じかんわりど□り ﹇お　う﹈ 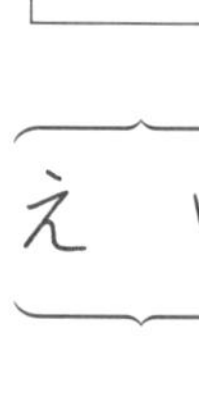

④ せんせ□ ﹇え　い﹈ 

まとめの てすと 3

(1) つぎの けいさんを しましょう。 (30てん) 1つ5てん

① 2＋4＝

④ 7－3＝

② 3＋6＝

⑤ 4＋3＝

③ 8－4＝

⑥ 9－5＝

(2) バス(ばす)に おきゃくが 9にん のって いました。4にん おりました。
おきゃくは なんにんに なったでしょう。 (10てん)

しき

こたえ ＿＿＿＿＿＿＿＿

(3) ドッジボール(どっじぼうる)で あかぐみは 5てん、しろぐみは 7てん とりました。
どちらの くみが なんてん おおかったでしょう。 (10てん)

しき

こたえ ＿＿＿＿＿＿＿＿

まとめの てすと3

べんきょうしたのは □がつ □にち

□ /50てん

こたえは 144ページ

(1) □の なかに ただしい ひらがなを かきましょう。 (10てん) 一つ5てん

① ゆのみ□ゃわん

② おこ□かいを もらう。

(2) ちいさく かく もじに きを つけて、つぎの ことばを ただしく かきましょう。 (10てん) 一つ5てん

① きゅうしょく □□□□□□

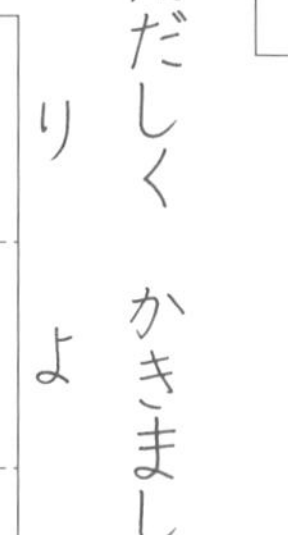

② りょうり □□□□

(3) □の なかに 「え」か 「へ」を かきましょう。 (10てん) 一つ5てん

こう□ん□ いきました。

(4) □の なかに 「わ」か 「は」を かきましょう。 (10てん) 一つ5てん

ぼく□、□んぱくぼうずです。

(5) かんじで かきましょう。 (10てん) 一つ5てん

① く・きゅう □ ここの(つ)

② すい □ みず

【まとめの　てすと　こたえ】

桝谷雄三（ますや・ゆうぞう　教育士・学力の基礎をきたえどの子も伸ばす研究会）
川崎和代（かわさき・かずよ　学力の基礎をきたえどの子も伸ばす研究会）

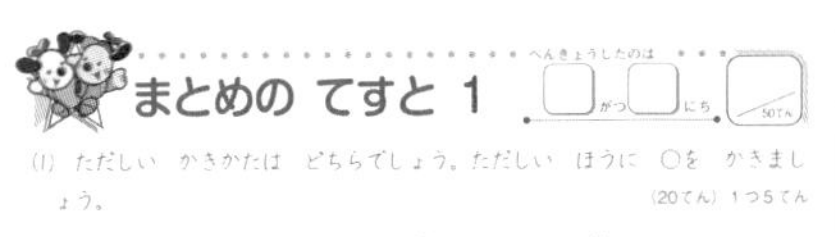

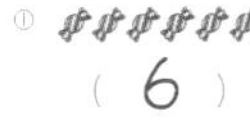

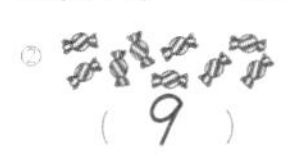

まとめの てすと 1

(1) ただしい かきかたは どちらでしょう。ただしい ほうに ○を かきましょう。（20てん）1つ5てん

① 5 5 (○)( )　② 7 7 ( )(○)　③ 8 8 (○)( )　④ + + (○)( )

(2) あめは いくつでしょう。すうじを かきましょう。（10てん）1つ5てん

① (6)　② (9)

(3) じゅんに なるように、□に かずを かきましょう。（10てん）1つ5てん

① 3 4 5　② 7 6 5

(4) しろい チューリップの はなが 3ぼん さいて います。あかい チューリップの はなが 2ほん さいて います。チューリップの はなは、あわせて なんぼん さいて いるでしょう。（10てん）

しき $3+2=5$

こたえ 5ほん

まとめの てすと 2

つぎの たしざんを しましょう。（50てん）1つ5てん

① $1+5=6$	⑥ $5+4=9$
② $2+6=8$	⑦ $8+1=9$
③ $4+4=8$	⑧ $7+2=9$
④ $3+3=6$	⑨ $3+5=8$
⑤ $6+2=8$	⑩ $1+7=8$

まとめの てすと 3

(1) つぎの けいさんを しましょう。（30てん）1つ5てん

① $2+4=6$	④ $7-3=4$
② $3+6=9$	⑤ $4+3=7$
③ $8-4=4$	⑥ $9-5=4$

(2) バスに おきゃくが 9にん のって いました。4にん おりました。おきゃくは なんにんに なったでしょう。（10てん）

しき $9-4=5$

こたえ 5にん

(3) ドッジボールで あかぐみは 5てん、しろぐみは 7てん とりました。どちらの くみが なんてん おおかったでしょう。（10てん）

しき $7-5=2$

こたえ しろぐみが2てんおおい

きりとり

【修了証申し込み】

勉強（べんきょう）したくなるプリント　ぜんき／さんすう

学（がく）しゅうのきろく・1年生（ねんせい）

まとめの てすと 1	てん
まとめの てすと 2	てん
まとめの てすと 3	てん
ごうけい	てん

きりとり

おうちのひとのコメント　　月　　日

お子さんのお名前（ふりがな　　　　　　　　）　保護者のお名前

住所　〒

TEL

メールアドレス

【まとめの　てすと　こたえ】

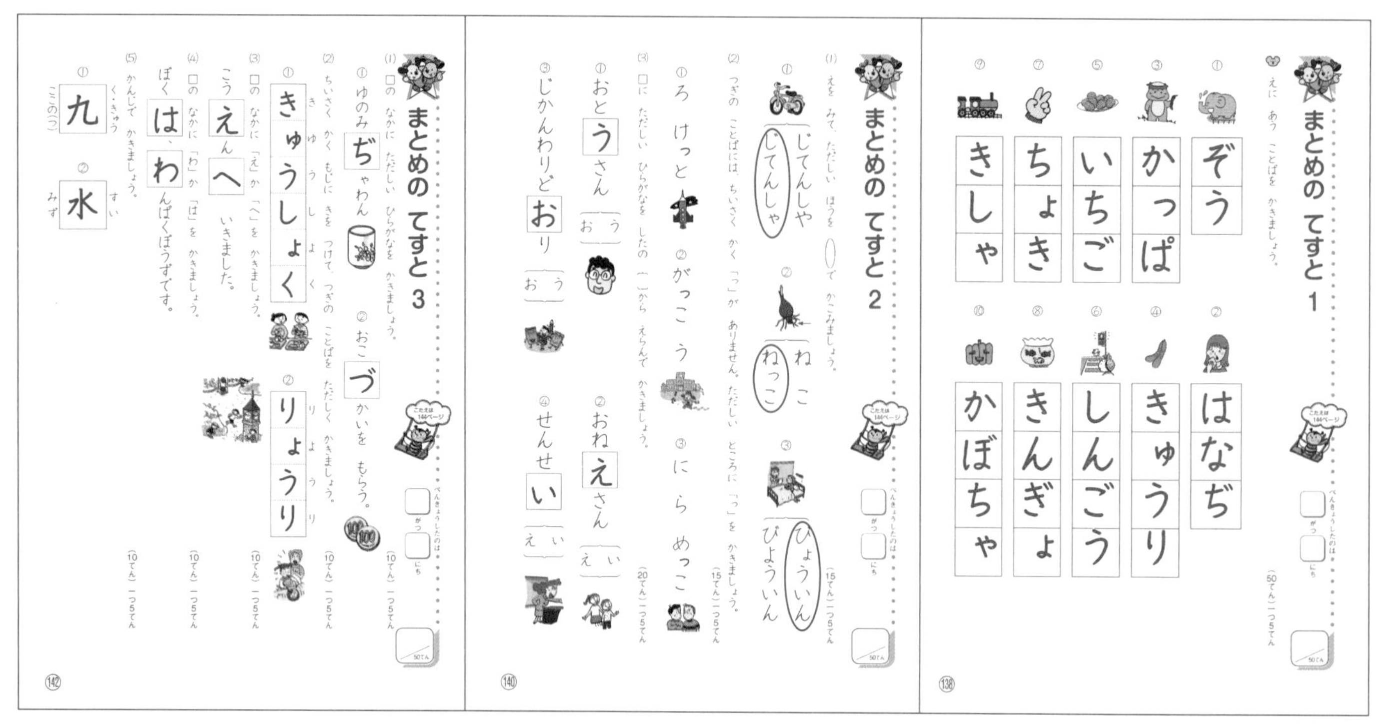

【修了証申し込み】

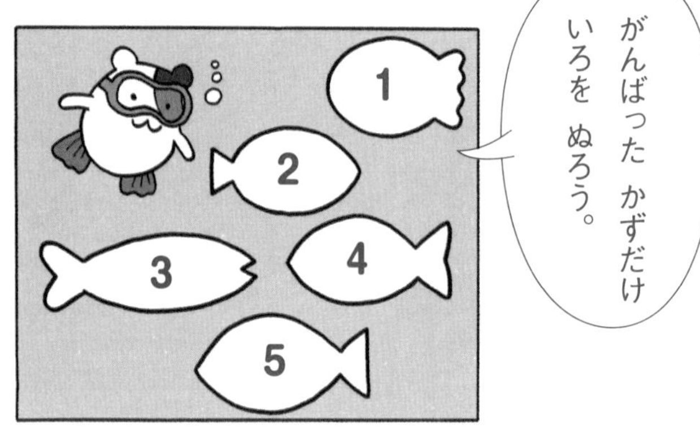

勉強(べんきょう)したくなるプリント　ぜんき／こくご

学(がく)しゅうのきろく・1年生(ねんせい)

まとめの てすと 1	てん
まとめの てすと 2	てん
まとめの てすと 3	てん
ごうけい	てん

きりとり

おうちのひとのコメント　　月　　日

国語だけの申し込みも可能です。
裏面に住所・氏名を記入して送付してください。